W0318540

Attention,
cœurs fragiles !

Groupe Eyrolles
61, bd Saint-Germain
75240 Paris Cedex 05
www.editions-eyrolles.com

Avec la collaboration de Solange Cousin
Illustrations : Anne-Olivia Messana
Maquette et mise en pages : flamidon.com

DANGER
LE PHOTOCOPILLAGE TUE LE LIVRE

Le code de la propriété intellectuelle du 1er juillet 1992 interdit en effet expressément la photocopie à usage collectif sans autorisation des ayants droit. Or, cette pratique s'est généralisée notamment dans les établissements d'enseignement, provoquant une baisse brutale des achats de livres, au point que la possibilité même pour les auteurs de créer des œuvres nouvelles et de les faire éditer correctement est aujourd'hui menacée.
En application de la loi du 11 mars 1957, il est interdit de reproduire intégralement ou partiellement le présent ouvrage, sur quelque support que ce soit, sans l'autorisation de l'Éditeur ou du Centre Français d'exploitation du droit de copie, 20, rue des Grands Augustins, 75006 Paris.

© Groupe Eyrolles, 2018
ISBN : 978-2-212-56834-9

SAVERIO TOMASELLA

# Attention, cœurs fragiles !

## Les hypersensibles et l'amour

EYROLLES

*Je remercie Flavia Mazelin Salvi, qui m'a incité à écrire ce livre et m'a proposé de nombreuses pistes de recherche, ainsi que Cécile Guéret pour sa participation généreuse à l'ensemble de cette réflexion. J'exprime toute ma gratitude à Karine Hyenne et Solange Cousin pour leurs relectures « pointillistes », lumineuses, et extrêmement précises. Je remercie également les personnes qui ont accepté de répondre à l'enquête sur laquelle repose cet ouvrage.*

*« Je rêve que nous sommes des papillons n'ayant à vivre que trois jours d'été. Avec vous, ces trois jours nous prodigueraient plus de délices que cinquante années d'une vie ordinaire. »*

John Keats, Lettre à Fanny Brawne.

# Sommaire

# Introduction

« Je ne connais qu'un seul devoir et c'est celui d'aimer. »

Albert Camus • Carnels

© Groupe Eyrolles

L'*hypersensibilité n'est ni une honte ni une gloire* affirme avec raison Christophe André, en précisant qu'elle est une dimension particulière dont il est nécessaire de tenir compte »[1]. Entre autres conséquences, cette dimension de fond influence nettement la relation amoureuse. Elle la rend à la fois plus complexe et plus stimulante, plus riche aussi, c'est vrai, mais parfois plus ardue, plus rude, voire plus improbable ou plus déconcertante.

Tout d'abord, concrètement, à quoi correspond « l'hypersensibilité » ? Dans un groupe de partage, Élodie détaille certaines caractéristiques fréquentes des personnes douées d'une très grande sensibilité :

> « Une impression de gêner, de n'être à sa place nulle part, de ne jamais être à la hauteur pour les personnes proches… Ces gens qui jouent de notre gentillesse et qui en profitent… Cette musique qui passe à la radio et qui, d'un coup, nous fait pleurer… L'impression, aussi, d'être toujours présente pour les autres mais personne pour m'épauler, moi, lorsque j'aurais besoin d'une oreille attentive… »
>
> ÉLODIE

Dans un groupe de parole, Jimmy va dans le même sens et précise ces particularités :

> « Je suis perdu et fatigué ! J'aime tant la beauté et la nature ! Je m'émerveille d'un rien, mais je suis seul, c'est lourd ! […] Je mesure à quel point je n'ai pas reçu assez de mots positifs, de ces sourires qui touchent droit au cœur et dont on sent qu'ils sont donnés et vraiment donnés. J'ai une grande capacité à comprendre les autres et les situations, mais si peu de capacité à m'orienter dans ce monde du travail, je suis fatigué. »
>
> JIMMY

Les personnes ultrasensibles se sentent fréquemment ou facilement à vif, à cran, à fleur de peau, émotives, plutôt fatigables, irritables, vite découragées, seules et différentes des autres, incomprises, « inadaptées » dans un monde violent et dur, alors qu'en même temps elles font preuve d'une grande intuition, d'une forme de sixième sens, de beau-

1 - Sur *France Inter*, le 18 avril 2017, dans l'émission « Grand bien vous fasse » animée par Ali Rebeihi.

© Groupe Eyrolles

coup d'empathie et d'une intense créativité. Ainsi, comme nous pouvons et pourrons le constater, le tableau est non seulement diversifié, mais aussi particulièrement contrasté[1].

Pour autant, l'ultrasensibilité n'est pas un handicap dans la relation amoureuse, loin de là. Au contraire, nous verrons qu'elle peut même devenir un atout, une chance, un vecteur de développement. En effet, la délicatesse et la subtilité qui en découlent amènent naturellement le grand sensible à souhaiter créer des relations durables. Dans le cas d'une nouvelle rencontre, par exemple, il saura prendre le temps de vraiment faire connaissance avec l'autre. De même, après l'effusion des premiers temps, il ne s'attardera pas sur des critères uniquement extérieurs et superficiels. Ainsi, la qualité de sa vie intérieure sera propice au développement d'une relation authentique et profonde. Voilà la force paradoxale des hypersensibles : évoluer en finesse dans une démarche en profondeur.

Une sensibilité très développée vient colorer, orienter et complexifier la relation à l'autre, donc – plus nettement encore – la relation amoureuse[2]. Comment vivre au mieux une relation amoureuse tout en respectant sa grande sensibilité ? Voilà la question à laquelle nous répondrons tout au long de ce livre, en partant chaque fois de situations quotidiennes, concrètes et réelles, vécues par des personnes très sensibles. Tout d'abord, nous essaierons de repérer comment une sensibilité élevée influence, enrichit ou perturbe la relation amoureuse. Ensuite, nous chercherons quelles sont les origines possibles d'une très grande sensibilité, puis surtout en quoi elles modifient les conceptions de l'amour ou les façons d'aimer. Enfin, nous présenterons les chemins qu'ont empruntés certains ultrasensibles pour mieux vivre leurs amours.

© Groupe Eyrolles

1 - Pour plus de détails, lire *Hypersensibles. Trop sensibles pour être heureux ?*, du même auteur, Eyrolles, 2017.
2 - Cela est d'autant plus vrai que l'état amoureux renforce notre sensibilité et révèle nos fragilités...

1

# Une grande sensibilité à l'amour

« Le désir n'est pas désir d'un objet,
mais désir de ce manque
qui dans l'autre
désigne un autre désir. »

Serge Weidenhaun • Rêve et désir

© Groupe Eyrolles

# Quiz

## Découvrez votre façon d'aimer

Quelle amoureuse, quel amoureux êtes-vous ? Quelle part de vous-même se révèle lorsque les sentiments prennent le dessus ? C'est ce que vous allez découvrir avec ce quiz.

Munissez-vous d'un crayon et commencez par entourer tous les mots, quelle que soit la colonne dans laquelle ils se trouvent, qui correspondent à votre tempérament en général. Puis, entourez les mots qui expriment ce que vous ressentez quand vous êtes amoureux(se).

| | | | | | |
|---|---|---|---|---|---|
| Irréalisable | Embrasement | Solitude | Emportement | Calme | Peur |
| Distance | Intensité | Sagesse | Emballement | Authenticité | Manque |
| Indifférence | Idéalisation | Mesure | Dispersion | Confiance | Inaccessible |
| Trop risqué | Extase | Sérieux | Frénésie | Franchise | Envahissement |
| Impossible | Effusion | Persévérant | Excès | Patience | Angoisse |
| ⊖ 1 | ⊕ 1 | ⊖ 2 | ⊕ 1 | ⊖ 2 | ⊕ 0 |

| | | | |
|---|---|---|---|
| Total des jaunes | ⊕ 2 | Total des bleus | ⊖ 5 |
| | | Résultat (jaunes - bleus) | -3 |

Comptez le nombre de mots entourés par colonne et reportez ce chiffre dans la case vide au-dessous. Puis faites la somme des chiffres des colonnes jaunes et enfin la somme des chiffres des colonnes bleues. Reportez ces totaux sur la dernière ligne et calculez votre résultat global.

Les caractéristiques qui correspondent à la chaleur, à l'idéalisation et à une tendance possible à la précipitation sont inscrites dans les colonnes

© Groupe Eyrolles

jaunes. À l'inverse, les caractéristiques qui concernent la froideur, la prudence, la distance, voire la méfiance, se trouvent dans les colonnes bleues.

Alors, pour vous-même, que remarquez-vous ? Quel est votre plus grand score ? Celui en jaune ? Celui en bleu ? Est-ce que cela vous étonne ?

Calculez maintenant le nombre total de jaunes moins le nombre total de bleus et inscrivez le résultat dans la case prévue.

**Ce dernier résultat va vous permettre de vous situer sur une échelle de – 15 à 15.**

Voici quelques indications pour comprendre votre résultat, sachant que chacun de nous est unique.

### De – 15 à – 6 points :

Vous êtes très prudent, plutôt observateur, discret et réservé, peut-être en retrait et même (qui sait ?) méfiant envers l'amour. Vous souhaitez garder la maîtrise de la situation.

### De – 5 à + 5 points :

Vous faites preuve de patience, vous avez le sens de la mesure, vous pesez le pour et le contre. Cela ne vous empêche pas de croire à l'amour. Vous espérez même vivre une relation équilibrée, répondant à vos attentes et respectant vos souhaits.

### De + 6 à + 15 points :

Vous êtes passionné, généreux, entier. Vous pouvez facilement vous enflammer et vous cherchez le grand amour. Votre impatience peut vous pousser à aller trop vite, sans réfléchir. Vous risquez de souffrir cruellement si votre partenaire vous déçoit, vous laisse trop longtemps seul(e) ou ne donne plus de nouvelles.

Le quiz auquel vous venez de répondre vous permet d'ores et déjà de vous repérer. Comme tous les tests, il ne donne qu'un aperçu ponctuel de votre personnalité, pas plus qu'une photographie prise à tel moment dans telles conditions. Si les résultats ne vous correspondent pas, vous pouvez le refaire dans une semaine ou un mois, un jour où vous vous sentez en phase avec vous-même. N'oublions pas que nous sommes tout le temps en mouvement et que nous ne pouvons pas être exactement les mêmes ou dans la même disposition d'un jour à l'autre.

© Groupe Eyrolles

Ah, je rêve, je rêve, je suis sur un petit nuage. Il est trop beau et tellement gentil ! J'espère que je vais pouvoir te le présenter bientôt...

Ma pauvre Lola, comme à chaque fois, c'est le grand amour, l'homme de ta vie, mais tu le connais depuis 2 jours. Tu risques d'être déçue...

# Quand l'amour prend toute la place

## Exercice 1

Vous reconnaissez-vous dans cet exemple ?

Si oui, dans quelle mesure ?
Vous sentez-vous plutôt proche de Lilas ou de Pascaline ?

Si non, de quelle façon êtes-vous différent(e) ?

Que ressentez-vous dans ce type de situation ?

© Groupe Eyrolles

*Prenons maintenant le temps de mieux comprendre* comment une sensibilité élevée peut influencer la conception de l'amour et la façon d'aimer.

Pour une personne hypersensible, les relations affectives représentent le plus important, voire l'essentiel de ses préoccupations et de ses attentes. L'ultrasensible cherche « le grand amour » ou « la grande amitié ». Il en fait souvent sa quête principale. Les personnes très sensibles vivent tout très intensément, les joies comme les peines, l'excitation ou la jubilation autant que l'abattement, la tristesse, le chagrin. Le préfixe « hyper » exprime cet excès, cette démesure, cette intensité propre aux ultrasensibles.

« C'est quoi être amoureux pour un hypersensible ? Ha ha ! Mystère… Oui, c'est déjà un grand mystère pour soi-même alors à faire comprendre à l'autre…

Sérieusement, c'est juste plus intense. Le hic, c'est qu'on s'accroche trop vite. On croit tout de suite au grand amour, on se sent transporté dans un conte de fée. On rêve, on rêve en grand ! Moi, je suis trop passionné, cela me rend excessif…

Être amoureux et hypersensible, c'est mieux comprendre l'autre, ressentir pleinement et se poser mille questions… Trop tout, quoi ! »

VICTOR

## Des sentiments qui débordent

L'une des caractéristiques des personnes extrêmement sensibles est d'être hyperréactives aux stimulations. L'une ne supporte pas les odeurs de nourriture dans le train ou les parfums trop forts, l'autre est très rapidement excédée par les bruits dans l'appartement d'à côté. L'un sent tout de suite si l'ambiance d'un groupe est sereine ou tendue, l'autre ne supporte pas les étiquettes des vêtements, la laine ou même le lin. La plupart des grands sensibles se protègent des informations à la télévision, qu'ils trouvent trop violentes, et se tiennent à distance des réseaux sociaux non protégés : un groupe d'hypersensibles, oui, à la rigueur, mais ils se sentent très vite dépassés dans le grand océan du monde actuel avec ses brutalités quotidiennes.

Les personnes hautement sensibles se sentent souvent dépassées par ce qu'elles ressentent, à tel point qu'elles ont pour la plupart l'impression

© Groupe Eyrolles

de ne pas avoir de « filtre », de ne disposer d'aucun moyen pour se protéger, tant du monde extérieur que de leur monde intérieur. Tout vient les toucher sans délai et sans retenue.

Rien d'étonnant qu'elles soient dès lors si rapidement submergées par les émotions, les leurs avant tout, mais aussi celles des autres. C'est ce qui explique leur effusion, une effusion qui semble les consumer et qui a donc tendance à les épuiser, les vider de leur énergie, et les faire basculer vers le découragement.

D'ailleurs, certains témoignages mettent en évidence la peur de sombrer dans la folie lorsque la passion est trop forte ou que le manque de l'autre devient absolument insupportable.

« Pour moi, aimer est trop éprouvant. Je préfère rester seul. J'ai été obligé de tout stopper. Je souffrais trop. Je me perdais complètement. Je me sentais débordé par les émotions, les effusions, le besoin intense d'être avec l'autre, d'avoir de ses nouvelles, d'être sûr que l'on se comprend bien, etc. J'étais trop dans l'extrême et dans l'excès. Cela devenait impossible à vivre. »

JOHN

## Une effusion qui trouble le jugement et les relations

En « craquant » pour presque rien et en s'enflammant très vite, les personnes hypersensibles confondent facilement intensité des émotions (ou des sensations) et intensité des sentiments. Cela peut les conduire à penser qu'elles aiment passionnément ou regrettent terriblement quelqu'un simplement parce que leur ressenti avec lui était très fort.

D'ailleurs, quand elles se sentent amoureuses, elles oublient que leurs ressentis dans la vie sont chaque fois très forts, et que cette puissance des sensations ou des émotions ne signifient pas forcément qu'il s'agit d'amour.

© Groupe Eyrolles

### Intensité ne veut pas dire amour

L'intensité n'est pas un bon critère pour définir l'amour, alors que le fait de se sentir bien avec l'autre, en adéquation avec elle ou avec lui, de se sentir accueilli et compris, de pouvoir partager l'essentiel, sont des repères beaucoup plus justes de la relation amoureuse.

La recherche de l'intensité induit plutôt une effusion qui transporte la personne, l'enflamme et lui fait vivre un embrasement pouvant facilement se muer en passion débordante ou dévorante. Passion débordante lorsque la personne très sensible devient envahissante pour l'élu de son cœur, ou pour son entourage si elle ne cesse d'en parler à ses proches. Passion dévorante lorsqu'elle se consume d'amour pour lui et se morfond dès qu'il n'est pas là.

> *Mais tu n'es pas là et si je rêve tant pis*
>
> *Quand tu t'en vas, j'dors plus la nuit*
>
> *Mais tu n'es pas là et, tu sais, j'ai envie*
>
> *D'aller là-bas, la fenêtre en face*
>
> *et d'visiter ton paradis*
>
> Richard Cocciante, Le coup de soleil

Ainsi le dit la chanson qui traduit autant l'effusion que le manque, et l'amoureux transi d'affirmer qu'il « vit à l'envers », « ne se reconnaît plus » et « tombe dans le vide ».

Tout est plus fort pour l'ultrasensible : l'amour, la passion, le temps qu'ils durent, puis le désenchantement, ou même le désespoir, lorsque ce temps n'est plus. Paradoxe de l'extase qui risque souvent de finir en débâcle, si elle ne s'appuie pas sur une affection partagée.

© Groupe Eyrolles

« C'est comme un feu d'artifice... Une explosion de bonheur qui retombe comme un soufflé sortant du four. Ça c'est pour les relations courtes. Et maintenant je rêve d'une relation qui dure, mais je ne sais pas si je saurais... En fait je ne suis même pas si ce dont je rêve existe ! »

ISABELLE

## Difficultés à se faire entendre

À cette possibilité de dérive vers l'incontrôlable s'ajoute la grande difficulté à se faire entendre dans sa singularité et à être accepté dans la relation avec cette sensibilité extrême qui décontenance le partenaire amoureux.

« Je suis quelqu'un de très spontané. Je me laisse facilement guider par les élans de mon cœur, mais je ne suis pas compris par mes proches. Ils me disent que je ne pense pas assez aux conséquences de mes actes. Ils me reprochent de les mettre mal à l'aise lorsque je suis trop direct ou que j'exprime franchement ce que je ressens.

J'ai beau faire attention, je n'arrive pas à devenir quelqu'un de mesuré, qui calcule et qui pèse le pour et le contre. J'aurais l'impression de ne plus être moi-même. »

ÉTIENNE

Dans une moindre mesure, Étienne fait face aux mêmes difficultés avec sa compagne. Les personnes plus réservées peuvent aussi rencontrer l'incompréhension de leur conjoint, notamment lorsqu'elles sont chagrinées par ses critiques ou par son manque de répondant.

« Mon mari me reproche très souvent de prendre les choses trop à cœur, mais je n'y peux rien, je ne le fais pas exprès. Lorsque je suis touchée, je suis vraiment touchée. Je ne fais pas semblant. C'est difficile de le faire comprendre. »

AUDE

Cette incompréhension peut même engendrer la peur de s'engager dans une relation par crainte de ses émotions, de ses réactions mais aussi parce que le manque de compréhension a déjà beaucoup fait souffrir au cours des précédentes relations amoureuses.

© Groupe Eyrolles

« Je me reconnais tellement dans cette sensibilité aux multiples capteurs, à l'intuition si développée, que j'ai parfois peur de ce que je ressens et peur de m'engager aussi. Comme elle est douloureuse cette accumulation de difficultés dans les relations. Cela fait si longtemps que je cherche une oreille attentive, pour avancer dans la confiance... »

ANDRÉ

Les personnes dont la grande sensibilité a été mal accueillie peuvent avoir l'impression d'être « maudites » ou que le sort s'acharne sur elles, car elles cumulent les difficultés liées à leur nature très sensible aux blessures de rejets ou de moqueries, ce qui ne fait qu'augmenter leur sentiment de vulnérabilité et leur manque de confiance en elles.

## La peur d'exprimer ses sentiments

Pour certains ultrasensibles, être avec une compagne ou un compagnon leur semble impossible, soit par peur de trop souffrir en cas de conflit ou de séparation, soit par crainte de devoir se plier aux demandes de l'autre.

Par exemple, lorsque leur partenaire sollicite davantage leur présence, pour voir des amis ou pour vivre ensemble au quotidien, cela peut vite devenir trop pour eux, étouffant. Cela dépasse leurs capacités à accueillir et à donner, surtout cela remet en question leur besoin de solitude.

« Être hypersensible, à mon sens, c'est quelque part être comme une éponge. Tout ce que nous ressentons de part et d'autre nous traverse. Il nous faut du temps et de l'espace pour réguler tout ça ! Le compagnon qui peut comprendre que nous sommes comme des récepteurs en permanence, et que c'est comme ça, malgré nous, a peut-être une chance de tenir, sinon soit il fuit soit c'est nous qui avons levé le camp depuis belle lurette. »

ELENA

Il ne s'agit pas d'un refus d'aimer, puisque c'est le vœu le plus profond des personnes très sensibles, mais du renoncement à vivre une relation amoureuse du fait d'une « incapacité » à pouvoir partager le quotidien avec un partenaire qui risquerait de ne pas les comprendre.

© Groupe Eyrolles

Cette « incapacité » n'est pas forcément réelle, elle peut être seulement crainte. Elle a été échafaudée en imagination, puis posée comme « croyance agissante », comme si cette idée était vraie et définitivement établic.

### Mettre à distance les croyances agissantes

J'appelle « croyance agissante » une conception de soi ou de la relation qui a été échafaudée à partir d'une expérience malheureuse ou de souffrances répétées.

Au départ, cette idée semble adéquate puisqu'elle correspond à la réalité d'une douleur vécue dans la relation. Néanmoins, elle est à la fois partielle, c'est-à-dire qu'elle ne correspond qu'à un aspect de la réalité, et, surtout, il s'agit d'une interprétation du rôle que l'on a joué dans cette relation et de notre incapacité à faire face aux difficultés qui se sont présentées alors.

Cette croyance n'est pas ajustée à la réalité d'hier et, encore moins, aux nouvelles réalités qui se présentent aujourd'hui. Elle débouche sur une fausse idée de soi et de la relation qui produit un comportement en décalage avec ce qui advient réellement avec l'autre et engendre de nouveaux échecs.

Ainsi, cette sensibilité qui semble indomptable peut finir par dissuader de vivre une relation amoureuse ou, même, d'exprimer ses sentiments et son affection.

« En amour, je ne montre plus ce que je ressens. C'est une catastrophe pour moi. Ma devise est devenue : Fuis-moi, je te suis. Suis-moi, je te fuis ! Je ne m'en sors pas. Je l'ai fait pour me protéger, pour garder un peu de distance, de maîtrise de moi, mais maintenant je suis prise à mon propre piège ! »

NOÉMIE

« Je n'arrive plus à aimer profondément. J'ai compris que je ne serais jamais heureuse en amour. En fait, j'ai tellement peur d'être mal aimée, mal comprise, mal traitée, que je n'arrive pas à faire confiance, ça l'emporte sur le bon. Je pense me protéger, mais c'est pire, je garde tout pour moi, pour ne pas blesser, car je ne sais pas comment le dire sur le coup.

© Groupe Eyrolles

Alors, quand c'est trop j'explose à ne plus pouvoir me retenir, ça fait mal car toutes mes vérités sortent au risque de tout perdre. Je ne connais pas le juste milieu, et je suis la première à en souffrir. »

LINE

Pour certaines personnes ultrasensibles, la relation avec l'autre ressemble à un problème insoluble, une sorte de quadrature du cercle. La relation amoureuse leur paraît encore plus irréalisable, impossible à vivre, comme une chimère ou une étoile inaccessible.

## Partager la même sensibilité

Pour beaucoup de personnes extrêmement sensibles, la relation amoureuse paraît improbable soit parce qu'elle dure trop peu, et s'arrête souvent sur un malentendu, soit parce qu'elle semble trop difficile. D'autres hypersensibles y tiennent tout de même, malgré les difficultés rencontrées.

Malgré les anciens déboires et les épreuves, grâce à la maturité, une meilleure compréhension de soi ou une thérapie, cette relation amoureuse tant attendue leur semble enfin envisageable, pour peu qu'elle se situe du côté de l'authenticité, du partage et de la franchise.

« L'amour pour moi n'est pas négociable. Je suis très entière. Par exemple, je ne suis pas capable de vivre uniquement une histoire de cul. Je n'arrive pas à faire du sexe, sans affection, sans amour, sans relation réelle. Pour moi, ce n'est pas possible. Cela me fait violence. J'ai besoin de partager une vraie intimité. »

SOPHIE

Sophie exprime à quel point son hypersensibilité conditionne fondamentalement sa conception de l'amour et sa façon de vivre une relation amoureuse. Plus précisément, elle ne conçoit pas de céder sur l'essentiel et souhaite tenir bon sur ses valeurs. En conséquence, elle ne veut plus se précipiter les yeux fermés dans les bras du premier homme un peu intéressé, ou apparemment compréhensif.

De la même façon, après avoir pris conscience des spécificités de leur sensibilité élevée et après avoir mieux compris ce dont elles avaient besoin pour bien vivre une relation amoureuse, de nombreuses personnes

© Groupe Eyrolles

reconnaissant les exigences qui découlent de leur sensibilité élevée souhaitent rencontrer un(e) partenaire également très sensible, ou – au moins – véritablement capable de les accepter telles qu'elles sont[1].

Lorsqu'elle est possible, cette rencontre entre grands sensibles semble faciliter leur relation amoureuse. Après de nombreuses tentatives sans lendemain, parce qu'elle n'avait pas encore trouvé un homme qui lui corresponde vraiment, Marie est heureuse de partager un grand amour avec un homme extrêmement sensible, comme elle. Ils peuvent partager beaucoup plus facilement ce qu'ils croient, ce qu'ils sont et ce qu'ils désirent.

« J'accorde beaucoup d'importance aux valeurs, donc aux valeurs partagées avec l'autre. Par exemple ? Je suis très sensible à l'injustice. L'injustice me touche profondément et me fait pleurer. La fraternité, la parité, la solidarité sont fondamentales pour moi. Je déteste le «chacun pour soi».

J'ai besoin de partager avec mon amoureux une vision du monde proche de la mienne ou compatible avec la mienne. L'indifférence ou l'individualisme sont rédhibitoires. Je suis contente et soulagée que Charles soit sur la même longueur d'onde que moi. »

MARIE

De fait, une relation entre deux personnes qui partagent une sensibilité proche est plus viable dans le temps, nous en reparlerons. Cela n'empêche pas les différences, les désaccords, les conflits, les remises en question, mais cela aide à se comprendre et à s'accepter.

Bien entendu, nous verrons aussi que d'autres formes de relations amoureuses sont possibles et sources de joie. Chaque relation est unique.

© Groupe Eyrolles

1 - Nous reviendrons plus en détail sur cette option dans la troisième partie.

Comment ça va avec toi Jules ?
Très bien mais je me demande tout le temps ce qu'il pense de moi. J'ai peur de le décevoir...

ORISTE
HELLO

# Cette peur tenace de mal faire

## Exercice 2

Prenez un peu de temps pour repérer quelles sont vos peurs et notez-les ci-dessous

........................................................................................................

........................................................................................................

Au bout de quelques jours, lorsque vous êtes à peu près sûr(e) d'avoir listé vos principales peurs, essayez de les hiérarchiser de la plus forte à la moins impressionnante.

1 ......................................................................................................

2 ......................................................................................................

3 ......................................................................................................

4 ......................................................................................................

5 ......................................................................................................

6 ......................................................................................................

7 ......................................................................................................

8 ......................................................................................................

© Groupe Eyrolles

Puis, notez librement ce à quoi cette liste, ou chaque peur, vous fait penser ?

........................................

........................................

........................................

........................................

En quoi ces peurs sont-elles liées à votre sensibilité élevée ou à votre conception de l'amour, de la relation amoureuse ?

........................................

........................................

........................................

## Ne pas déranger

En dehors des angoisses fondamentales qui peuvent troubler une personne ultrasensible plus vivement que d'autres personnes, les peurs relationnelles qui caractérisent les individus très sensibles concernent souvent la peur du regard désapprobateur d'autrui. Ils appréhendent d'être (mal) jugés, craignent d'être en désaccord avec un collègue ou un proche, donc évitent le conflit.

Morgane résume la situation inconfortable dans laquelle se trouvent les hypersensibles :

> « Être très sensible peut devenir franchement handicapant dans une relation amoureuse, surtout lorsqu'elle s'installe dans la durée. Chaque désaccord, chaque broutille est un véritable ouragan. La colère est une éruption volcanique ; la peur me paralyse ; le stress me fait paniquer ; la tristesse me submerge et l'amour me dévore.[1] »
>
> MORGANE

Dans la relation amoureuse, l'esquive du désaccord ou du conflit a plusieurs désavantages :

- Elle empêche de développer sa propre personnalité et d'exprimer ses idées ou ses sentiments, par peur de déranger ou de décevoir.

1 - *Psychologies magazine*, juillet 2017, p. 16.

© Groupe Eyrolles

- Elle peut lasser le partenaire amoureux qui n'a pas face à lui une personne suffisamment affirmée et différenciée, et qui peut regretter de devoir penser ou décider pour deux.
- La crainte de déplaire risque à la longue de provoquer les critiques tant redoutées.

Hélène reconnaît que ce penchant ne l'a pas aidée dans ses relations.

« Chaque fois que j'appelais mon copain, ou que j'allais le voir, je lui demandais si je le dérangeais, alors que nous avions précisément prévu de nous téléphoner ou de nous voir à ce moment-là. Au début, il a tenté de me rassurer, puis il s'est agacé et m'en a voulu d'insister. Un jour, il m'a dit qu'il n'en pouvait plus, qu'il ne supportait plus ma peur systématique de déranger, et il m'a quittée. »

HÉLÈNE

La crainte de gêner autrui peut être accompagnée d'une peur plus ou moins forte de déplaire, voire de la conviction que l'on va déplaire.

« Dès qu'elle est dans un groupe, même restreint, Madeleine fait beaucoup d'efforts pour être acceptée, à tel point qu'elle en fait même souvent trop et peut en arriver à se rendre pesante, si ce n'est détestable, aux yeux des autres. Une fois seule, rentrée chez elle, le soir ou le lendemain, elle souffre amèrement de ce qu'elle a fait. Elle se rend bien compte qu'elle a exagéré en voulant absolument faire l'unanimité et que cette attitude forcée engendre le contraire de ce qu'elle recherche. Cela complique souvent ses relations avec sa belle-famille qui lui reproche maintenant d'en faire des tonnes et de se mêler de ce qui ne la regarde pas, là où Madeleine était convaincue de vouloir bien faire... »

L'inverse est vrai aussi : certaines personnes très sensibles ne voulant pas déplaire, se mettent tellement en retrait qu'elles passent inaperçues et ne se sentent plus exister auprès des autres. Elles ont alors l'impression d'être invisibles et, souvent, en souffrent beaucoup.

Lorsqu'en plus l'ultrasensible a l'habitude d'idéaliser les personnes qu'il affectionne, cela amplifie l'importance accordée à ce que pensent les autres.

© Groupe Eyrolles

« J'ai toujours mis l'autre sur un piédestal, en me rabaissant et en m'accrochant trop vite. Je voulais tout le temps être aimé et apprécié par tout le monde, et je souffrais énormément du regard des autres. Maintenant, avec du recul et un peu plus de maturité, j'en souffre moins car je comprends qu'on ne peut pas être aimé ou apprécié par tous. Mais cela reste très difficile et je n'arrive pas encore complètement à me libérer de mon besoin d'être accepté. »

JEAN

## La crainte d'être incompris et mal jugé en amour

Les personnes ultrasensibles parlent toutes de la grande difficulté qu'elles ont à être comprises par leur partenaire amoureux, parfois décontenancé, voire agacé, souvent pris au dépourvu, et qui risque d'augmenter le malaise s'il juge les ressentis ou les façons d'être de l'hypersensible, selon les codes de la morale sociale ou en les présentant comme des défauts.

« Dur dur à faire comprendre à l'entourage, surtout lorsque l'on se referme pour laisser passer la tempête et qu'on nous dit qu'on est susceptible, fatigante, décevante.[1] »

FA

À tel point, que bon nombre de grands sensibles ont pu se croire « anormaux » ou « monstrueux » lorsque leur entourage les a trop ou trop fréquemment rabroués. Le *découragement*, si caractéristique, surgit alors avec son lot de tristesses et de croyances désabusées, notamment de ne pas être fait pour le monde, la société, l'époque... Cathy explique son impression d'être en décalage.

« Difficile de faire face à ses réactions, ses émotions et l'anxiété au jour le jour. Comme si je n'étais pas en adéquation avec ce monde, les autres et cette société.[2] »

CATHY

1 - *Psychologies magazine*, juillet 2017, p. 16.
2 - *Idem*.

© Groupe Eyrolles

Ce sentiment d'être constamment en décalage avec les autres et la douleur de se sentir incompris ravive la plaie fondamentale, la fragilité intrinsèque des grands sensibles, et les rend d'autant plus réactifs aux réprimandes ou, même, aux simples remarques des autres.

## Le mystère de la susceptibilité

La question de la susceptibilité ou le reproche d'être « susceptible » sont au centre de la vie relationnelle des personnes hautement sensibles. Prenons le temps de comprendre précisément de quoi il s'agit.

Fondamentalement, d'après les dictionnaires, la susceptibilité correspond à une sensibilité particulièrement vive, une exaltation de la sensibilité et une grande délicatesse. Elle est donc avant tout et précisément une forme d'hypersensibilité.

« Avant, dans mes relations amoureuses, mes partenaires m'ont souvent critiquée, parfois même dévalorisée et malmenée. Blessée, je me taisais la plupart du temps et me mettais dans une attitude de repli. Alors, ces partenaires me disaient que j'étais susceptible et que je manquais d'humour. J'y croyais et je m'en voulais pour ce comportement. Par peur de déplaire ou d'être rejetée, je leur donnais raison. Maintenant, je sais que ma réaction était naturelle et tout à fait compréhensible, que personne n'aime être traité de cette façon et que je n'étais pas susceptible mais blessée, et légitimement en réaction à leurs paroles acerbes. Dorénavant, je sais faire la différence, et le respect est devenu pour moi une valeur essentielle. Je n'accepterai plus ce genre de comportement. »

MAYA

De façon plus restrictive, la susceptibilité désigne la disposition d'une personne à se sentir blessée, irritée ou froissée par certains actes ou certains propos. Il peut s'agir alors du trait de caractère d'une personne dont l'amour-propre est à vif. On parle de susceptibilité chatouilleuse ou ombrageuse. Dans ce sens, la susceptibilité signale une facilité à se vexer et caractérise l'individu qui s'offense rapidement ou pour peu de chose.

La susceptibilité découle donc soit d'une sensibilité particulièrement élevée, soit d'une forme d'orgueil ou de vanité, soit d'un manque de confiance en soi, voire d'une combinaison de ces trois facteurs.

© Groupe Eyrolles

Nous sommes tous susceptibles dans certaines circonstances : un moment de fatigue, une saturation, une remarque qui nous heurte, une critique qui nous blesse, un thème qui réveille en nous une souffrance enfouie, etc.

En revanche, une personne facilement susceptible interprète ou considère ce que disent les autres comme une attaque personnelle. Elle a une représentation erronée d'elle-même, des autres ou de la situation, d'où l'interprétation décalée qu'elle fait de la réalité. Se croire visée, voire attaquée, fait qu'elle se vexe rapidement et peut s'emporter, pour des choses qui paraissent moins importantes aux autres, ou sans rapport avec la situation réelle.

Dans certains cas, la personne susceptible peut sembler hargneuse et arrogante. Elle peut donner l'impression de chercher à briller ou à s'imposer. En fait, elle cherche l'assentiment des autres, leur valorisation et leur reconnaissance, car elle n'a pas confiance en elle. Elle ne se sent pas légitime et se croit de peu de valeur. Comme elle n'arrive pas à s'aimer, elle a besoin que les autres lui prouvent qu'elle est aimable. Pourtant, sa susceptibilité la rend peu agréable et peu sympathique aux yeux des autres, qui risquent donc de la rejeter. Le phénomène se renforce de lui-même : on parle de « cercle vicieux ».

N'oublions pas non plus l'importance de l'environnement ou du partenaire amoureux. Même si elle n'est pas susceptible à l'origine, une personne peut le devenir. Moins vous valorisez quelqu'un, plus il aura tendance à se sentir sur la brèche et déconsidéré. Les dévalorisations répétées, qui fragilisent tout un chacun, concernent les moqueries et les plaisanteries personnelles, les sujets polémiques volontairement provocateurs, les remarques désobligeantes, les critiques acerbes, les jugements de valeur, le manque d'empathie, la déconsidération, etc.

### Être sensible, être susceptible : quelle différence ?

Du point de vue des définitions, sensibilité et susceptibilité vont de pair et sont quasiment synonymes. Dans le langage courant, ce n'est pas la même chose. Il est donc important de bien différencier la susceptibilité d'une sensibilité très vive qui pousse à réagir fortement aux stimuli comme aux remarques ou aux critiques, surtout lorsque la personne sature et qu'elle a besoin qu'on la laisse tranquille. En

© Groupe Eyrolles

revanche, la susceptibilité, dans le sens courant, est plus une disposition à se vexer, à se sentir outragé, à s'offusquer...

La susceptibilité complique les relations avec autrui et les rend difficiles à vivre. Cela peut donner l'impression de marcher sur des œufs, de devoir prendre des gants, d'être maladroit ou de générer involontairement des tensions ou des malentendus. Cela peut aussi pousser à se justifier sans raison ou ne plus savoir que dire, comment présenter les choses, donc freine la communication et empêche l'élaboration de projets. Cela finit par être lassant et risque de provoquer une mise à distance de la personne susceptible.

Ainsi, le plus souvent, l'individu ultrasensible n'est pas plus susceptible qu'un autre, il est simplement plus affecté, plus touché par ce qu'il perçoit, ou plus facilement déçu, voire contrarié[1].

Au sein de la relation amoureuse, cette tendance à être rapidement affecté ou troublé peut créer des malentendus si le partenaire hautement sensible n'arrive pas à faire comprendre ce qu'il ressent ou ce qui se passe en lui.

Toutefois, la « susceptibilité » peut être un atout dans certaines situations. En effet, une sensibilité exacerbée est aussi un avantage dans la mesure où elle permet d'apporter à l'autre et aux situations une attention accrue. Cette attention aux détails, aux subtilités, aux nuances, enrichit la palette de l'observation, donc de la réflexion et des échanges. Cela permet de développer une communication plus précise, plus fine aussi, bref une communication plus consciente.

La personne ultrasensible fait souvent preuve de beaucoup de tact, par exemple en prêtant attention à ce qui peut toucher l'autre ou le froisser[2].

« Je suis en couple depuis plusieurs années avec un homme extrêmement sensible. Il est prévenant au quotidien, dans les moindres détails : les plats que j'aime, les films que je préfère, les sorties qui me plaisent le plus... Il est attentif à ce que je sois bien,

1 - Pour plus de détails, voir le chapitre 5 de cette première partie.

2 - Nous verrons dans la deuxième partie que, paradoxalement, une personne très sensible peut perdre ses capacités de délicatesse ou d'empathie dans les moments de saturation émotionnelle ou intellectuelle.

© Groupe Eyrolles

repère vite si je suis tendue ou fatiguée, et évite de me parler de ce qui ne va pas s'il me sent vulnérable. »

LAURÈNE

Nous avons vu que les personnes hypersensibles accordent une grande importance aux autres, à ce qu'ils pensent ou disent, à ce qu'ils veulent aussi, ce qui peut les pousser à se comporter comme des caméléons, qui se fondent dans leur environnement tellement ils s'y adaptent. Cette focalisation sur autrui peut rendre anxieuse la personne hautement sensible, ou la conduire à s'effacer, ce qui renforce sa tendance au repli, donc à l'introversion pour les uns, sinon à l'exagération démonstrative d'un accord de surface finalement factice pour les plus extravertis. Enfin, la perméabilité aux remarques et la vulnérabilité aux critiques rendent les ultrasensibles plus « susceptibles » que la moyenne ou, en tout cas, laisse entendre qu'ils le sont plus que les autres. Cependant, leur capacité à percevoir les subtilités et les nuances les rend attentifs et agréables dans les relations proches, avec un profond désir d'authenticité... et leur vie amoureuse est encore plus exposée car les affects y sont démultipliés.

© Groupe Eyrolles

Tu vois, je déteste l'hypocrisie mais je ne supporte pas les conflits... C'est un peu compliqué, non ?

Ah, oui, ça ça ne doit pas facile tous les jours !

# En quête d'authenticité

## Exercice 3

Essayez de retrouver le souvenir d'une conversation vraiment authentique avec une personne proche. Notez ci-dessous le souvenir qui vous est cher :

Lors de ce moment privilégié, que ressentiez-vous ?

Détaillez encore plus précisément les émotions, les sensations, et les sentiments que vous avez éprouvés.

Pouvez-vous dessiner la scène de cette conversation ou sinon la décrire en l'écrivant :

© Groupe Eyrolles

Mémorisez-la pour repérer comment vous vous sentez lorsqu'une relation vous correspond. Enfin, listez les signes qui vous indiquent que vous êtes bien dans une relation satisfaisante pour vous :

.................................................................................................

.................................................................................................

.................................................................................................

## En quête de vérité

Chaque personne très sensible que j'ai interrogée m'a affirmé de façon claire et nette : « J'aime les relations profondes et sincères ».

### Une quête d'honnêteté au cœur de la relation

Ce désir d'authenticité est très puissant, il concerne tous les types de relations, surtout les relations affectives, qu'elles soient amicales ou amoureuses. Il se traduit par une recherche, voire une soif de communication, d'échange, de partage, de vérité et d'honnêteté... autant que de rires aux éclats, de regards compréhensifs, de discussions constructives ou imaginatives... d'heures à refaire le monde sous les étoiles !

Lorsque la quête de la vérité est particulièrement forte, elle peut se traduire par une grande rigueur des termes, une précision des mots choisis, une attention minutieuse à ce qui est dit, une recherche d'exactitude, qui pourraient devenir lassantes pour un partenaire amoureux qui ne partagerait pas la même passion « pointilliste[1] » ou ne ressentirait pas la même nécessité méticuleuse.

« Quand la relation devient un tissage, un échange de nos intériorités qui forment une création originale, mouvante, presque palpable, en trois dimensions, alors il y a de la vie, c'est vibrant et c'est nourrissant, le lien a lieu, l'âme agit et crée… la magie ! »

MAYA

© Groupe Eyrolles

1 - Pointilliste plutôt que pointilleux, pour proposer un terme favorable, en référence aux peintres néo-impressionnistes.

## Aime-moi comme je t'aime !

La difficulté de trouver l'âme sœur est largement renforcée pour les ultrasensibles par la volonté de réciprocité. Soit par idéal, soit par principe, soit par besoin de fusion, cette demande de réciprocité leur semble aller de soi, être « normale » quoi !

« Moi, je n'ai pas l'impression d'en attendre trop des gens (comme beaucoup de proches me le font remarquer). Je trouve ça naturel en amour de recevoir ce que l'on donne. »

ISABELLE

De fait, c'est bien là que le bât blesse ! Les enquêtes et les confidences dans les groupes de paroles révèlent très fréquemment un décalage flagrant entre les attentes de la personne très sensible et ce qu'elle vit dans la réalité. Non que ce décalage n'existe pas pour tout un chacun, puisqu'il est inhérent à l'expérience d'exister et, plus encore, à l'expérience amoureuse, mais pour l'hypersensible, un tel décalage semble exacerbé et source d'incompréhensions, si ce n'est de souffrances.

« Je suppose qu'il y a ici d'autres personnes qui ont le même sentiment que moi, cette difficulté à vivre. À force de côtoyer sans cesse dans le quotidien des personnes qui semblent ne pas avoir la même sensibilité que moi, mon sentiment de découragement et de déception se renforce. J'ai l'impression de ne pas pouvoir vraiment communiquer avec la plupart des gens, du fait de cette sensibilité, de cette gentillesse qui fait qu'on est vulnérable. Ma vulnérabilité me fait voir les autres comme des personnes froides, qui ne peuvent pas comprendre mes mondes intérieurs étranges et ma tendance mélancolique. Je cherche quelqu'un qui pourrait vraiment comprendre cette attention que je porte aux moindres choses et qui fait que les comportements sans empathie me blessent personnellement. »

MAGALI

D'autres participants ont exprimé leur *déception* de se sentir différents de bien des personnes de leur entourage, au point de parfois s'isoler en pensant qu'ils « n'arriveront jamais à trouver de vrais amis ou un véri-

© Groupe Eyrolles

table amour avec qui partager de façon profonde et authentique ». Ils reconnaissent qu'ils sont de ce fait trop exigeants envers les autres, en ce qu'ils recherchent des liens forts et particuliers, empreints de communication et de partage.

## Le refus de l'hypocrisie et de la superficialité

Cette exigence d'authenticité et de réciprocité peut aller loin, lorsque la personne ultrasensible affirme être intrinsèquement mal à l'aise avec l'hypocrisie, les mensonges et les faux-semblants. Elle ne peut pas se forcer à être intéressée par les conversations de pure façade, les conventions ou les mondanités.

« Malheureusement, j'ai rencontré beaucoup d'hommes superficiels, qui ne m'accordaient pas vraiment leur attention ou, même, qui ne me respectaient pas. Certains ont profité de ma gentillesse et d'autres ont été hypocrites avec moi. Ils faisaient les gentils quand j'étais là, mais une fois que j'avais le dos tourné, ils me poignardaient. Je déteste ces hommes-là. Je trouve que l'hypocrisie est le plus laid défaut du monde, ainsi que toutes les formes de méchanceté gratuite. »

AUDE

Cette crainte, puis ce rejet, de l'hypocrisie ou de la superficialité se retrouve chez de nombreuses personnes dont la sensibilité est élevée. Dans les groupes, les uns s'expriment en écho des autres pour confirmer ce trait majeur de leur tempérament.

« Je donne trop et je demande trop. J'ai besoin d'une vraie réciprocité en amour. Le superficiel ne m'intéresse pas, alors c'est profond tout de suite et ça peut faire peur… J'ai beaucoup de mal à me faire des amis, hommes ou femmes. Alors, partager la vie de quelqu'un, je crois que je suis trop difficile, trop exigeant, trop, trop, trop… et parfois je fuis aussi… C'est compliqué. »

VICTOR

Une tendance croissante apparaît dans les enquêtes plus récentes. Ce désir d'authenticité correspond aussi à une volonté d'agir pour préserver la planète et développer de nouvelles solidarités interpersonnelles. Cette

© Groupe Eyrolles

corrélation entre la recherche personnelle et l'intérêt collectif, bien que nouvelle, semble être une des caractéristiques centrales de plus en plus d'hypersensibles. Au point de devenir un critère important dans leurs choix amoureux.

« Je ne supporte pas les faux-semblants et l'irresponsabilité, l'hypocrisie aussi. C'est trop facile de ne faire que parler, sans s'impliquer. Pour moi, c'est l'engagement réel qui compte... Je suis heureuse de partager ça avec Stéphane. Je ne pense pas que nous serions ensemble si nous ne partagions pas cette vision des choses et cet engagement. »

LUCIE

Chez de nombreux hypersensibles, on peut retrouver ce besoin de partager avec l'autre des valeurs proches ainsi que des engagements convergents. D'où vient une telle exigence ? Peut-elle devenir excessive ?

## Du besoin de se protéger au risque de l'intolérance

Comme Marie, beaucoup des personnes interrogées reconnaissent chercher à « se protéger », des mauvaises rencontres, des personnes envahissantes ou intéressées, des déceptions répétées aussi. Au fil des années, elles ont pu développer une certaine capacité à repérer le type de partenaire qui ne leur convient pas, donc à s'en prémunir. Ainsi Maya, qui se protège des personnes manquant de profondeur ou de sincérité :

« Je ne peux plus rester dans des relations avec de telles personnes. Je le repère rapidement. Et en amour, c'est pareil. J'ai connu beaucoup de partenaires ainsi, avec qui j'ai été malheureuse, mais maintenant je les détecte très vite et passe mon chemin sans réfléchir... C'est tout réfléchi ! »

MAYA

Cela leur permet de vivre des relations qui leur correspondent, de s'y trouver bien, donc de s'y épanouir. Pour d'autres, trouver un juste équilibre concernant leurs exigences semble plus ardu, ce qui les conduit souvent à mettre en péril leurs relations sentimentales.

© Groupe Eyrolles

Trop d'exigences ne risquent-elles pas de tuer l'amour, d'empêcher la relation ou de la rendre invivable ? Par exemple en étant répétitivement insatisfait(e), puis en décourageant l'autre, voire en le poussant à partir.

Avec le recul, d'autres regrettent que leurs trop grandes exigences aient pu être usantes et incompréhensibles pour leurs partenaires, donc les conduire à la rupture. Au-delà de cette tendance à l'insatisfaction, pour certains[1], et du risque de devenir intolérant à force d'exigence, reste l'enjeu très fort de la relation amoureuse, comme le dernier *refuge* possible, dans un monde décidément usant, absurde, voire trop hostile.

« La violence du monde, de la société et du quotidien rendent la relation amoureuse vitale. »

LUCIE

En plus de l'attachement très fort dont sont capables les hypersensibles dans leurs relations affectives (amicales et amoureuses), ce refuge du grand amour authentique et réciproque est probablement leur quête principale, ce qui revêt la plus grande importance à leurs yeux.

Est-ce cet investissement entier, corps et âme, dans la relation amoureuse qui rend les individus ultrasensibles si attirants et « intéressants » pour les personnalités perverses ?

## L'hypersensible, cible privilégiée des manipulateurs ?

L'idée s'est répandue ces dernières années et deviendrait un fait « avéré ». Comme toutes les certitudes trop rapidement entérinées, elle commence légitimement à agacer : « les hypersensibles seraient la cible privilégiée des pervers narcissiques[2] ». Voilà deux catégories mises dos à dos, opposées frontalement dans une dualité factice, en raccourcis faciles liguant les bons contre les méchants, en revendications sommaires qui empêchent de penser[3]. Dans la réalité, ce n'est pas si simple.

Plutôt que d'en faire une règle, regardons au cas par cas de quoi il s'agit.

---

1 - En effet, ce trait de caractère ne semble pas partagé par la majorité des personnes dont la sensibilité est élevée, ayant plutôt tendance à s'émerveiller facilement (voir chapitre suivant).

2 - Mes collègues psychanalystes et moi-même avons souvent exprimé notre désaccord avec cette formulation accrocheuse « pervers narcissique », qu'il n'est pas obligé de reprendre telle quelle, même si elle a été largement médiatisée. Parler de perversion ou de personnalité perverse suffit à nommer cette réalité difficile, et clarifie le débat en le recentrant sur l'essentiel.

3 - D'autant plus qu'il est possible d'être à la fois « hypersensible » et « pervers »...

© Groupe Eyrolles

« Relations… quoi ??? Amoureuses ?? C'est quoi ? Après avoir supporté 27 années durant un pervers qui ne pensait qu'à lui, qui n'existait que par les mauvais traitements qu'il m'infligeait, je suis très heureuse de vous dire qu'on ne m'y reprendra plus !!! En fait, j'ai tout supporté, tout pardonné, et très franchement, s'il ne m'avait pas quittée, j'en serais toujours au même point. Je ne suis pas du genre à quitter, à partir. Alors, il est parti, aujourd'hui je suis libre ! Cette liberté n'a qu'un prix : celui d'une vie ponctuée d'humiliations et de souffrances. Cette liberté, je l'ai payée cher, et elle m'est chère ! Alors, les … comment ça s'appelle, déjà ?? Ah oui ! Les relations amoureuses, sérieux, en vrai je passe mon tour !!! »

ELISE

Cette maltraitance répétée a laissé de telles marques profondes qu'Élise ne peut même plus envisager de vivre une autre relation sentimentale.

Cet exemple est intéressant, car Élise exprime ne pas être capable de quitter un compagnon, même maltraitant. Ne s'agit-il pas d'une caractéristique personnelle plutôt que d'un trait commun à tous les ultrasensibles ?

De son côté, Isabelle repère une caractéristique plus largement partagée par les personnes hypersensibles :

« Je fais toujours passer l'autre avant moi-même, je m'oublie, je crois que ses objectifs sont aussi les miens, sans oublier un profond amour incommensurable qui annihile toute réflexion logique. Une vraie cible pour les pervers ! »

ISABELLE

Il y aurait ainsi, dans cette générosité, cette authenticité, cette capacité à se donner entièrement et à s'engager complètement, cette tendance à pardonner, excuser, oublier et redonner sa chance, un ensemble de conditions qui faciliterait le travail d'emprise du manipulateur (séduction, fascination, utilisation, puis humiliation, et parfois destruction)[1].

Voici un exemple qui montre comment l'emprise affective se met en place dans la relation, par le biais de différentes formes de manipula-

1 - Voir S. Tomasella, *L'Emprise affective*, Eyrolles, 2014.

© Groupe Eyrolles

tion, et comment une personne très sensible peut être amenée à accepter l'inacceptable et à laisser son partenaire prendre le pouvoir sur elle.

« Lorsque j'ai rencontré Émilie, j'ai tout de suite été séduit par son brio. Elle parlait facilement et semblait à l'aise en toutes situations. Moi qui suis réservé et discret, j'étais très impressionné. À partir du moment où nous avons été officiellement ensemble et, plus encore, quand nous avons habité le même appartement, les choses ont changé irrémédiablement, en privé seulement, car Émilie continuait à briller en public. Cette femme extraordinairement gentille, compréhensive et drôle avec les autres était dure, sèche, froide et déplaisante avec moi dans notre vie privée. La sexualité était devenue un instrument de pression sur moi. Attisant, refusant, faisant du chantage pour que je plie et que je me soumette de plus en plus à sa volonté.

Je suis devenu l'homme à tout faire de madame : je faisais les courses, le ménage, la cuisine… et cela n'allait jamais. Émilie trouvait toujours des reproches à me faire, y compris devant sa famille ou la mienne. Puis, lorsque j'ai commencé à me rebeller et à demander à être respecté, elle s'est mise à m'humilier en public, à m'injurier en privé et à refuser toute sexualité. J'ai vécu une lente dégringolade vers l'enfer au quotidien. Épuisé par des mois de résistance à sa cruauté, j'ai fini par partir. C'est ce qu'elle cherchait, en fait, mais comme elle voulait garder le beau rôle auprès de ses proches, elle m'avait poussé à partir. »

NICOLAS

Sortir d'une telle relation dégradée n'est pas du tout facile. L'épreuve continue jusqu'aux derniers instants, et même après la séparation, sous la forme d'un écho douloureux.

Olivia vient de rompre avec un homme cruel et se dit dévastée :

« Je suis détruite, anéantie. Aujourd'hui, j'ai vu le vrai visage de l'homme que j'ai aimé. On avait une relation à distance depuis deux ans. On avait envisagé de vivre ensemble. Il devait venir me rejoindre chez moi, mais comme il avait un appartement, il avait de la peinture à faire pour le louer. Depuis jan-

© Groupe Eyrolles

vier, il m'a baladée, il n'a presque rien fait ou pas du tout. Même si je souffrais de la distance, il n'a fait aucun effort. »

OLIVIA

La personne sans bienveillance, voire malveillante, profite de tous les efforts consentis par son ou sa partenaire ultrasensible. La patience combinée à la compréhension (la fameuse empathie des hypersensibles) ne lui demande pas de prendre réellement une position plus claire et la relation s'enlise progressivement.

« Je l'ai quitté aujourd'hui car il m'a dit des phrases horribles. Par exemple : "Tu n'as qu'à me donner envie de vivre avec toi, là ce n'est pas le cas !" "J'ai autre chose à faire qu'à penser à nous". Il rejette toujours la faute sur moi : lui, c'est normal et moi j'ai "des idées à la con", comme il dit. »

OLIVIA

Tant qu'il n'y a pas de critique, ou même de demande trop pressante, la personne perverse attend de voir et laisse venir, sans montrer son « vrai visage », comme le dit si bien Olivia. En revanche, dès que des interrogations ou des reproches sont exprimés, la personne perverse utilise des ressorts psychologiques destructeurs pour blesser et dégrader l'autre.

« Quand je l'ai quitté, il n'a rien exprimé, aucune émotion, il était froid. J'ai pleuré devant lui et rien, pas une parole, pas un geste. Il m'a ramenée chez moi, 400 km sans m'adresser la parole. Il m'a déposée, dit "salut", puis il est parti. Voilà, je suis dévastée. J'ai attendu, espéré. Il a joué avec moi, et cette froideur, mon dieu ! J'ai besoin de votre soutien… »

OLIVIA

Les individus pervers sont des « monstres froids[1] ». Ils se sont désensibilisés pour ne pas être affectés par ce qui leur arrive ou ce que les autres leur disent. Pour se protéger efficacement contre la souffrance qu'ils pourraient ressentir, ils se tiennent à écart de la relation, en position d'observateurs et utilisent préférentiellement le calcul, la tactique et la stratégie[2].

1 - L'expression est de la psychanalyste Marie-Claude Defores.
2 - S. Tomasella, *La Perversion*, Eyrolles, 2010.

© Groupe Eyrolles

Cette réalité est déstabilisante, et même troublante pour tout un chacun, elle peut même rendre très triste, au-delà des souffrances infligées directement. Disons que les grands sensibles y sont potentiellement plus exposés que la moyenne, du fait de leurs capacités relationnelles et, aussi, du puissant retentissement que ces agissements auront sur eux.

### Repérer qu'une relation amoureuse chemine vers une situation perverse

Un point de repère important pour se situer est de ne jamais accepter d'être rabaissé(e) par qui que ce soit ou quoi que ce soit.

Pour faire le point sur une relation, vous pouvez vous poser ces quelques questions. Elles vous aideront à revenir à l'essentiel, même s'il est parfois difficile d'être vraiment lucide :

- Est-ce que je peux m'exprimer entièrement avec mon partenaire (verbalement, affectueusement, etc.) ?
- Est-ce que mes émotions sont les bienvenues ?
- Est-ce que je me sens respecté(e), aimé(e) ?
- Mon (ma) partenaire prend-il (elle) du temps pour moi et pour notre relation ? Pour m'écouter ?
- Est-ce que je me sens heureux(se), en expansion ?
- Ai-je l'impression de faire constamment des efforts ?
- Est-ce que je me sens souvent seule ?
- Est-ce que mon partenaire privilégie d'autres relations ou activités à notre relation ?

© Groupe Eyrolles

Tu m'inquiètes, c'est fini avec Jules ?

Non, mais il m'a invitée dans un restaurant branché alors qu'il sait que je déteste tout ce qui est superficiel.

# Ces âmes sensibles…

## Exercice 4

Aimez-vous la nature ? ....................................................................

Êtes-vous d'un naturel spontané ou enthousiaste ? ..........................................

Quels sont les sports ou les activités physiques que vous pratiquez ?

..........................................................................................

..........................................................................................

Quels sont les types de livres ou de films que vous préférez ?

..........................................................................................

..........................................................................................

Quel effet a sur vous la violence des informations ?

..........................................................................................

..........................................................................................

Est-ce que votre façon de vivre est en accord avec vos souhaits ?

..........................................................................................

..........................................................................................

© Groupe Eyrolles

Pourrait-elle l'être davantage ? ....................

Si oui, de quelle façon ? ....................

....................

....................

....................

## Un mot désigne une réalité

Il existe une forme de *candeur* chez les personnes ultrasensibles, comme chez les enfants ; une simplicité sincère, une innocence même. Jules Michelet en parle comme des « âmes fines et lumineuses », du fait d'une « absence d'amour-propre et de manège[1] ». Ce naturel des âmes sensibles explique leur naïveté, au sens positif du terme. Julien Green en fait l'éloge, en regrettant que nous nous en soyons départis au fil des siècles : « Cette simplicité de cœur que nous avons perdue, comme les ricaneurs que nous sommes, des gens à qui "on ne la fait pas"[2] ».

La simplicité naturelle, franche et sans apprêt des hypersensibles peut les rendre facilement ingénus, donnant leur confiance rapidement, voire aveuglément. Ils sont donc, en général, d'une grande crédulité.

Aussi, ont-ils tendance à prendre les choses au « premier degré » ou au pied de la lettre, notamment les discours de leur entourage. Du coup, ils peuvent être déstabilisés ou déçus en amour, lorsque leur partenaire banalise un comportement ou un événement en leur disant qu'ils sont « naïfs », « crédules » (ce qui est vrai) ou, pire, « immatures » (ce qui l'est moins ou pas du tout).

D'ailleurs, cette accusation d'immaturité émane souvent d'individus cyniques, ceux qui « ricanent » comme l'explique Green avec sagacité, ceux que le psychiatre Christophe André nomme les « hyposensibles[3] », qui sont les plus acerbes et les plus virulents envers les grands sensibles.

De cette naïveté vient le dégoût ressenti face à la vulgarité, à la trivialité, aux blagues douteuses, autant pour les hommes que pour les femmes très sensibles.

1 - J. Michelet, *Journal*, 1857, p. 350.

2 - J. Green, *Journal*, 1949, p. 265. Des ricaneurs dont le cynisme, en effet, ne fait que croître au fil du temps.

3 - Sur *France Inter*, le 18 avril 2017.

© Groupe Eyrolles

« Cela me dégoûte et je ne reste pas dans ce genre d'ambiance. Lorsque c'est possible, je dis à la personne que je ne me sens pas respectée, ou que cela me met mal à l'aise. »

MAYA

De son côté, Alexandre confirme ce point de vue et précise pour quelles raisons :

« Les vannes scato ou les blagues de cul ne m'intéressent pas et ne me font pas rire. Elles me dégoûtent. Elles me plongent directement dans la violence des images : je vois exactement ce que tu dis et ça me répugne. Alors que j'aime rire, et que j'apprécie les métaphores érotiques. Les sous-entendus coquins ne me gênent pas s'ils sont exprimés avec respect. »

ALEXANDRE

Ce n'est donc pas le fait de parler « cru » qui dérange les hypersensibles. Au contraire, cette franchise du parler cru leur semble bienvenue lors des échanges sexuels avec leur partenaire amoureux, dans l'intimité et la confiance partagées.

« La sexualité crue n'est pas un problème pour moi, dans les moments d'intimité avec mon compagnon, ou parler de façon crue de sexualité avec mes meilleures amies. Elle exprime la part sauvage de la rencontre amoureuse, la pulsion vitale. C'est la violence et la dégradation que je refuse, qui me révolte, autant que le manque de respect. »

LUCIE

Cette distinction est fondamentale, car l'ultrasensible n'est ni ringard ni coincé : il est simplement *plus conscient* de ce que les mots veulent dire et des réalités qu'ils désignent. Enfin, chaque témoin que j'ai entendu lors de l'enquête effectuée pour ce livre a insisté sur l'importance de la qualité du lien amoureux et du partage entre partenaires, affirmant à quel point la rencontre intime est précieuse à ses yeux, à travers les mots, les regards, l'attention, la bienveillance, la compréhension, la tendresse et la sexualité (j'y reviendrai plus loin).

© Groupe Eyrolles

## Du refus de la violence à l'idéalisation

Voici une caractéristique très nette des ultrasensibles qui peut causer des malentendus, mais aussi des frustrations dans le couple. Elle concerne la violence sur les écrans (films, informations, vidéos sur internet et les réseaux sociaux) et entraîne une difficulté à s'accorder l'un avec l'autre. La personne dont la sensibilité est élevée sent *dans son corps* exactement ce qui est énoncé par le journaliste lors des informations ou ce qui est montré sur l'écran. Cette sensation directe dans son incarnation de ce qui est dit ou montré lui rend la violence, sous toutes ses formes, proprement insupportable.

Je négocie avec mon mari pour regarder des documentaires, des vrais films sentimentaux et des dessins animés, plutôt que des séries et des films violents. Je ne les regarde jamais, je trouve cela froid et sans âme.

AUDE

Bien entendu, cela ne facilite pas le choix des films, des émissions ou des sorties, entre les deux partenaires, surtout si l'un des deux est moins sensible que l'autre.

De ce fait, il n'est pas étonnant de constater que les personnes dont la sensibilité est élevée sont enclines à s'émerveiller facilement.

« J'aime la nature, je m'émerveille devant des paysages, des situations de vie, une œuvre d'art, une musique, un film, les sourires de mes élèves, les enfants qui jouent, mais aussi mon mari quand je le vois cuisiner ou bricoler. Je le trouve très créatif. »

NOLA

Cette capacité à s'émerveiller peut aussi les pousser à s'illusionner, notamment en idéalisant leur partenaire amoureux.

« Au début de chaque nouvelle relation amoureuse, j'ai tendance à ne voir que les bons côtés de l'homme que je viens de rencon-

© Groupe Eyrolles

trer… Puis, pendant plusieurs semaines ou plusieurs mois, je vais même l'idolâtrer, l'encenser, ne dire que des choses ultrapositives sur lui ! Cela devient agaçant pour l'homme que j'aime, mais aussi pour mon entourage. »

MÉLANIE

Ainsi, parce qu'ils sont idéalistes, les grands sensibles ont tendance à habiller l'autre d'habits magnifiques, parfois trop beaux et trop grands. De là, leur fougue débordante, leur enthousiasme souvent jugé « excessif » par leur entourage. Ils peuvent alors faire preuve de beaucoup de passion et de ferveur, d'exaltation même, de lyrisme et d'une grande ardeur amoureuse.

Cet enthousiasme n'est pas surfait, il naît d'un élan vital profond, d'un amour de la vie et de l'autre, qui vont se manifester aussi, le plus fréquemment, par une grande spontanéité, une liberté de ton et de mouvement. Plutôt bohème et farfelu, l'hypersensible souhaite vivre sans contrainte et hors des conformismes, ce qui n'est pas de tout repos pour son partenaire amoureux. Réciproquement, si le conjoint est trop rangé ou traditionnel, l'ultrasensible va rapidement se sentir étouffer ou à l'étroit dans une relation trop cadrée qui ne lui convient pas, au fond, et qui ne répond pas à son besoin d'originalité.

## Intelligence émotionnelle et empathie

Les émotions tiennent une place prépondérante dans le quotidien des grands sensibles. Comment les définir ? En fait, l'origine du mot signifie *mouvement intérieur*. Ainsi, les émotions désignent ce qui nous touche, nous affecte, ce qui nous meut, c'est-à-dire ce qui crée en nous une animation sensible.

Bien vivre avec ses émotions, les accueillir, les accepter, leur donner de la place en soi (même si ce n'est pas facile) permet de développer ce qu'il est courant d'appeler l'« intelligence émotionnelle ». Je préfère parler d'*intelligence sensible*, car elle englobe autant la finesse des perceptions que la richesse des émotions et des sentiments. L'intelligence sensible correspond à « l'intelligence du cœur », cette capacité à réfléchir et à penser concrètement à partir de ses perceptions et de ses ressentis (sensations, émotions, sentiments, intuitions), à l'opposé d'un intellectualisme mental et cérébral.

© Groupe Eyrolles

L'intelligence sensible ouvre à l'empathie et à la compassion. En effet, plus un être est sensible, plus il peut devenir réellement intelligent, grâce à une intelligence des situations relationnelles et des phénomènes humains. Sensibilité et intelligence vont de pair et se développent ensemble. Cette « intelligence sensible » est donc essentielle pour la bonne croissance d'une relation affective.

Le partage d'expériences, de sentiments, de pensée et de paroles dans la relation passe par les capacités d'*empathie* de chacun. Plus complexe que la sympathie, qui désigne la capacité à vivre favorablement une relation en étant attentif à l'autre, l'empathie désigne la faculté à sentir ce que ressent une autre personne pour comprendre ses sentiments, autant qu'à envisager ce que pense cette autre personne, ce qui permet de percevoir les sentiments et les croyances d'autrui, puis d'en tenir compte.

Le plus souvent, une personne très sensible est douée d'une grande empathie. Elle peut ressentir de façon très intense les joies et les peines de l'autre, même éloigné ou inconnu, ses élans et ses douleurs, ses espérances et ses effondrements. La résonance aux événements heureux ou tragiques dans le monde s'en trouve considérablement amplifiée…

Dans les écrits sur la haute sensibilité en langue française, Marie-France de Palacio est certainement l'auteure qui a le mieux réussi à exprimer avec des mots très justes ce que vit une personne ultrasensible, en traduisant ses ressentis si particuliers. Par exemple, elle relie l'empathie particulièrement développée des hypersensibles à « la perméabilité des frontières » entre soi et l'autre, à son respect des valeurs éthiques, à son « incapacité à ranger les individus dans des cases distinctes », en les étiquetant ou en les hiérarchisant. « La personne hypersensible laisse parler son intuition, éclipsant tout jugement social et s'adresse directement à l'être qui lui fait face sans s'arrêter à son paraître. »

Enfin, cette auteure parle aussi du « regard naïf qui perce à jour autrui » et de la préférence pour ce qui est naturel, humain et intuitif, plutôt que pour les codes sociaux et les conventions. D'autant que la personne hautement sensible bénéficie d'une « perception décuplée », non seulement de sa vie intérieure, mais également de sa vie relationnelle et de ses proches, ce qui augmente encore sa capacité d'empathie[1].

© Groupe Eyrolles

1 - M.-F. de Palacio, *Ta sensibilité te tuera*, Max Milo, 2016, p. 81-83.

**La question centrale dans la relation amoureuse concerne donc le partage de l'empathie ou ce que l'on pourrait appeler le « retour empathique ».** Biens des personnes très sensibles regrettent d'apporter beaucoup d'attention aux ressentis de leur partenaire, sans obtenir d'elle ou de lui la même attention en retour. Ce déséquilibre de la répartition de l'attitude empathique dans le couple est source de nombreuses souffrances, surtout dans les relations longues, et peut conduire à une forme d'amertume ou de tristesse du fait de cette déception profonde chez l'ultrasensible.

*Le partage empathique* est tellement vital que, s'il n'est pas assez réel, la question de la fin de la relation peut même se poser. Cela met donc aussi en évidence l'importance du choix d'un partenaire à sensibilité très proche, voire égale, car dans bien des situations une correspondance entre les sensibilités, et les capacités d'empathie, semble être nécessaire pour permettre une compatibilité suffisante dans la relation et le bien-être de chacun.

### Différentes formes d'empathie au service du couple

Pour mémoire, souvenons-nous qu'il existe différentes formes d'empathie, que le psychanalyste Serge Tisseron a mises en évidence :

L'empathie directe (émotionnelle, puis cognitive) désigne une capacité sensible, puis intellectuelle, à se mettre à la place de l'autre, donc à s'identifier à lui.

L'empathie réciproque concerne en complément la capacité à accepter que l'autre, aussi, puisse se mettre à ma place ou s'identifier à moi, selon trois modalités principales (j'accepte que l'autre s'estime comme moi, j'accepte que l'autre aime et soit aimé comme moi, j'accepte que l'autre ait les mêmes droits que moi).

L'empathie réciproque et mutuelle rend possible une relation interpersonnelle (en plus des deux premières formes d'empathie, j'accepte que l'autre m'informe sur ce que je suis et me révèle à moi-même), qui favorise la transformation et l'évolution personnelle[1].

2 - S. Tisseron, *Subjectivation et empathie dans les mondes numériques*, Dunod, 2013, p. 14-15.

© Groupe Eyrolles

Le plus souvent, les personnes ultrasensibles sont volontiers disposées à développer ces trois formes d'empathie. Pourtant, ce n'est pas forcément le cas. Nous allons découvrir, dans le prochain chapitre, qu'il existe en fait plusieurs façons de vivre sa très grande sensibilité, et comment lui donner toute sa place dans la relation amoureuse…

© Groupe Eyrolles

PITIÉ... LAISSEZ-MOI 48H DE SOMMEIL !

DRiiiiiiNG
DRiiiiNG
DRiiiNG

# À la recherche de l'amour véritable

## Exercice 5

Pendant quelques jours, vous pouvez observer comment certains de vos proches tentent de s'accorder à vous ou de tenir compte de vous.

Même si ce qu'ils font n'est pas forcément suffisant, à votre goût, percevez-vous qu'ils cherchent à s'adapter à vos particularités ? Si oui, de quelle façon ?

Est-ce que votre partenaire amoureux va dans ce sens, lui (elle) aussi ?

Dans quelles circonstances avez-vous pu prendre conscience que, peut-être, aux yeux des autres, vous êtes compliqué(e) ou difficile à saisir, et que cela n'est pas de tout repos pour votre entourage ?

© Groupe Eyrolles

## Plusieurs façons d'être sensible en amour

Être doué d'une sensibilité élevée ne change pas les joies et les peines d'une relation amoureuse, même si elles sont vécues avec plus d'intensité. Cela n'engendre pas de problèmes humains très différents de ceux que l'on rencontre dans toute relation amoureuse. Cela n'est ni mieux ni moins bien, c'est juste différent. Nous verrons dans la troisième partie que le plus important, en fait, est de bien connaître sa sensibilité, de l'accepter et de la vivre au mieux. Voilà la condition d'une vie amoureuse féconde et épanouie.

La difficulté principale que vivent les personnes hypersensibles en amour est de rencontrer un(e) partenaire aussi sensible qu'elles, ou, au moins, capable de les accepter avec leur haute sensibilité. Cette rencontre peut avoir lieu tôt dans la vie, lors d'un coup de foudre qui fait tout de suite sentir l'évidence de la relation. Au contraire, elle peut prendre des années, et demande d'accepter de patienter sans trop se décourager. Dans ce cas, par exemple, il est nécessaire de comprendre pourquoi l'on se sent attiré vers des personnes qui ne nous correspondent pas[1].

Récemment, j'ai découvert un autre facteur fondamental pour la rencontre amoureuse et le développement d'une relation heureuse entre hypersensibles. Il s'agit de la façon de vivre sa grande sensibilité. Deux personnes très sensibles peuvent ne pas s'entendre au quotidien car leurs sensibilités, même élevées, ne sont pas les mêmes, ou ne sont pas compatibles.

Pour résumer, jusqu'à présent nous avons vu combien les personnes ultrasensibles peuvent être passionnées en amour, promptes à idéaliser leurs partenaires et à s'attacher très fortement à eux. La peur de déplaire ou de mal faire, ou encore la crainte d'être rejetées, poussent ces personnes à vouloir correspondre à leur environnement et aux demandes d'autrui, ce qui les rend un peu comme des caméléons. Toutefois, leurs relations affectives bénéficient de leur grande intuition, leur créativité, leur sens de l'écoute, leur bonté, et de cette intelligence sensible qui les caractérise le plus souvent. Dans ce cas, elles sont capables de proximité humaine, elles dispensent généreusement affection et tendresse, tandis que leur empathie particulièrement forte leur permet de ressentir

1 - Nous reprendrons cette question dans la partie II.

© Groupe Eyrolles

les expériences vécues avec beaucoup d'acuité, donc de mieux comprendre les autres.

Aussi juste soit-il, ce tableau reste général et largement idyllique, car, dans la réalité, il n'existe pas une « catégorie » bien homogène et lisse de personnes hautement sensibles ou hyperréceptives.

Plus j'avance dans mes recherches sur ce thème, et plus les confidences en séance, les témoignages et les groupes de grands sensibles me permettent de découvrir une variété infinie de sensibilités élevées. On peut même dire qu'*il existe autant d'hypersensibilités que d'hypersensibles*.

Pour simplifier, et en prenant le risque de schématiser, il est possible de repérer plusieurs « types » d'ultrasensibles, c'est-à-dire différentes façons de vivre sa sensibilité. Bien entendu, aucune façon n'est meilleure qu'une autre. Cette présentation est sans hiérarchie. Elle peut aider à comprendre d'éventuelles difficultés relationnelles entre deux personnes dont la sensibilité élevée est différente.

## Les délicats réservés

La première idée que nous nous faisons habituellement de l'hypersensibilité correspond à une personne introvertie et impressionnable, qui s'efface volontiers ou se tient à l'écart des groupes, de l'agitation et du bruit. Une personne discrète et indépendante, voire farouche, parlant peu et se confiant seulement à des personnes choisies, plutôt fragile et émotive, poète, rêveuse bien que lucide, dont la vie intérieure est très développée. Karl est heureux de partager ce tempérament avec sa compagne.

> « Nous sommes aussi sauvages l'un que l'autre. Chacun respecte l'autre dans son besoin de se mettre en retrait. Loin d'être un problème, cela facilite notre vie commune. Nous nous comprenons sans avoir à nous expliquer. Nous n'aimons pas les réunions de famille ou les fêtes, nous préférons les moments en tête-à-tête ou les soirées en petits comités. »
>
> KARL

© Groupe Eyrolles

## Les fonceurs charismatiques

Il existe pourtant de nombreuses personnalités très sensibles qui sont diamétralement opposées : extraverties et expansives, aimant être au centre de l'attention et vivant mal le fait de ne plus être au-devant de la scène, supportant difficilement les contradictions, les conflits dans le couple et demandant beaucoup à leur partenaire. Le fait d'être à la fois très sensible, très expressif et débordé par le foisonnement de leurs ressentis peut les rendre moins attentives à leur conjoint, et parfois maladroites ou semblant manquer de délicatesse.

« Mon mari m'appelle le clown César, c'est dire si je prends de la place et aime régenter mon petit monde, en faisant le pitre et en cherchant à faire rire mon public. Cela ne m'empêche pas d'être rapidement dépassée par mes émotions. Je peux passer du rire aux larmes en quelques secondes ! Surtout dès que l'on ne s'intéresse plus à moi... J'ai un besoin continuel d'attention. »

MADELEINE

## Les tourmentés découragés

Très perfectionnistes et facilement alarmistes, comme Cassandre[1], certains hypersensibles sont difficiles à satisfaire et ont tendance à se plaindre, des injustices autour d'eux ou de leurs malheurs, du fait qu'ils ne sont pas compris, qu'ils sont ou se sentent rejetés, que leur grande sensibilité est un poids et qu'ils souhaiteraient que leur entourage familial ou professionnel leur accorde des conditions particulières pour faciliter leur vie. Ils voudraient faire reconnaître « l'hypersensibilité » comme une forme de difficulté de vivre. Ainsi, leurs employeurs leur offriraient de meilleures conditions de travail, leurs conjoints seraient plus compatissants et plus accommodants, etc. Bien que parfois pénibles du fait de leurs revendications répétées, ils peuvent être très touchants, sympathiques, appréciés par leur entourage, et sont indéniablement moteurs dans la relation amoureuse, grâce à leur implication.

© Groupe Eyrolles

1 - Personnage de la mythologie grecque dont les prophéties, souvent pessimistes, ne sont pas entendues.

> « L'homme avec qui je vivais mettait tout le temps son hypersensibilité et son haut potentiel en avant pour justifier ses revendications. Il n'était jamais content. J'ai fini par comprendre qu'il était rabat-joie, que je m'étiolais avec lui, et je l'ai quitté. »
>
> SANDY

## Les rassembleurs protecteurs

Il existe enfin des individus très sensibles, bénéficiant d'une puissante énergie vitale, qui sont prêts à se consacrer entièrement à une cause humanitaire, un métier de soin ou une situation familiale ardue. Volontiers chevaliers blancs, croisés ou sauveteurs, ils se dévouent jusqu'à leur ultime limite pour protéger, aider ou soutenir leur partenaire, puis ils s'effondrent épuisés, parfois déçus de ne pas pouvoir en faire plus, ou savoir en faire moins et mieux se respecter.

> « Je m'implique complètement dans mon travail d'éducateur. Je rentre tard le soir et je suis épuisé, j'y retourne une partie du week-end et, lorsque les vacances arrivent, je suis mort de fatigue. Ma femme en souffre beaucoup. Je ne suis plus assez disponible pour elle. Je sais qu'elle a raison, mais je n'arrive pas à faire autrement. »
>
> LOÏC

Cette « cartographie » des hypersensibles ne peut pas être complète : il y a bien d'autres façons de vivre une forte sensibilité[1]. Elle n'est qu'indicative. Elle a seulement pour but de mettre un peu mieux en évidence la très vaste palette des sensibilités élevées. D'autant que les grands sensibles ont tous un peu de chacune de ces caractéristiques, selon les moments, selon l'ambiance et les personnes présentes, même si certaines modalités leur correspondent plus que d'autres.

> « Je me reconnais dans chacune de ces façons de vivre la sensibilité. Cela dépend des jours. »
>
> MARIE

1 - Par exemple, en se focalisant sur ce qui est rationnel et en développant l'abstraction, la conceptualisation et l'intellectualisation, pour les individus qui mentalisent et ruminent sans arrêt.

© Groupe Eyrolles

### Une frontière ténue entre haut potentiel, hypersensibilité et hypersusceptibilité ?

Deux informations complémentaires sont importantes dans ce panorama :

1) Concernant les personnes à potentiel élevé, Else Marie Bruhner précise, dans son livre et dans ses conférences, que les « hauts potentiels » ou « personnalités précoces » ne concernent que 2 % de la population globale, alors que les personnes « hautement sensibles » en représentent 20 à 25 % (les premiers faisant souvent partie du groupe des seconds).

2) De son côté, la journaliste Flavia Mazelin Salvi m'a fait remarquer que « beaucoup de gens confondent être hypersensible et être hypersusceptible. Les deux peuvent évidemment se recouper, mais il me semble qu'il existe une vraie ligne de partage entre les hypersensibles qui sont forcément susceptibles puisqu'ils ressentent tout très puissamment, mais qui sont généreux et empathiques (donc souvent utilisés et blessés ou déçus), et ceux dont la sensibilité extrême ne marche qu'en direction… d'eux-mêmes ! Ce sont généralement ces gens qui vous assènent d'entrée "je suis trop sensible", "je suis trop gentil", etc. Je constate que ces derniers sont coriaces, ont tendance à utiliser les autres, voire à les écraser pour atteindre leur objectif. Sur le plan humain, ils ne sont pas du tout comparables. »

## Un point de convergence ?

Quel est donc le facteur commun qui pourrait relier toutes les personnes hautement sensibles ? La fragilité ? La fatigabilité ? L'hyperréceptivité ?

Comme nous venons de le remarquer, certains grands sensibles ne se sentent pas particulièrement fragiles, ne se disent pas spécialement fatigables ou ne sont pas tellement gênés par leur réceptivité.

Le premier grand facteur de convergence est l'excès, la démesure ou le *débordement*. Qu'il s'agisse d'émotions, d'empathie ou d'affection, les ultrasensibles semblent vivre les situations relationnelles dans une forme d'amplitude, voire d'emphase ou d'outrance, c'est-à-dire dans de fortes proportions et de façon plus intense que la moyenne… Christophe André

© Groupe Eyrolles

parle même de « Ferrari des émotions[1] » pour désigner une personne hypersensible.

> « On a tendance à faire une montagne d'une taupinière, car on ressent tout plus fort, puis on nous demande d'arrêter d'en faire toute une histoire. En amour, cela rend les disputes explosives et souvent disproportionnées avec la situation réelle, puis on s'en veut beaucoup après... »
>
> ISABELLE

Le second facteur commun concerne la facilité à se sentir, non pas vexé, mais *contrarié.*

En effet, la personne hypersensible se sent facilement à vif, à cran, et vit très souvent à fleur de peau. Les contrariétés sont donc aussi fréquentes qu'imprévisibles. Il ne s'agit pas de susceptibilité, mais d'une sensation d'être désagréablement surpris, désemparé, dépassé, voire à bout de force, ou incapable de supporter ce qui se passe, ou encore incompétent pour y faire face, s'en protéger, le comprendre, etc. Tout cela engendre beaucoup de découragement, de lassitude, d'incompréhension, donc un besoin de repli sur soi, pour se distancer, se retrouver et se ressourcer.

Voici le troisième point commun, le plus important de tous : le besoin de repli et la recherche d'une certaine *solitude.*

> « Je crois pouvoir dire que j'ai besoin de plus en plus de moments de solitude, car j'apprends à m'écouter plus. S'il y a beaucoup de monde ou d'échanges, à un moment je sature et j'ai besoin de me retrouver seule. En amour, j'ai aussi ce besoin de repos, seule avec moi-même de temps en temps. »
>
> MAYA

> « J'ai régulièrement besoin de repos et de solitude, dans mon travail comme avec mon mari, même si je ne suis pas particulièrement fatigable. »
>
> NOLA

1 - Le 18 avril 2017, sur *France Inter.*

© Groupe Eyrolles

Les hypersensibles sont facilement gênés par les autres (même s'il s'agit de leur entourage très proche : conjoint, enfants, etc.). S'ils sont introvertis ou réservés, ils peuvent même sembler « timides ». Alors qu'ils sont particulièrement attentifs à ce qui se passe avec l'autre, surtout s'il est encore un inconnu, et prennent le temps d'observer pour comprendre comment l'aborder. Leur principal souci est de ne pas déranger, et surtout de s'ajuster au mieux à l'autre, au point soit de s'effacer pour ne pas prendre trop de place, soit de vouloir l'aider ou le protéger.

Par ailleurs, sans être pour autant de la « timidité », ils ont souvent juste besoin de davantage de temps, seuls avec eux-mêmes ou consacrés à construire leur « bulle » personnelle, avant de se confronter au monde et de rencontrer les autres.

Pour une personne hypersensible, la quête de l'amour véritable est une quête fondamentale, certainement l'une des plus importantes de son existence. Elle ne la prend pas à la légère, puisque c'est cette quête qui la fait le plus vibrer. La relation et le lien tiennent la plus grande place pour elle, surtout dans sa vie intérieure.

Des émotions fortes et fréquentes, des peurs qui pourraient mener aux ruptures, un grand besoin d'être compris et accepté, une nécessité d'absolu, un fort désir d'intégrité et de vérité, l'impossibilité de faire semblant, le refus de la violence, des exigences à équilibrer, des risques à éviter, le besoin d'une certaine solitude, la recherche de qualités humaines, un idéalisme poussant à enjoliver l'autre, des ressentis à débordement, une empathie généreuse, bref, voici les principales composantes de la sensibilité amoureuse si singulière de la personne ultrasensible.

Pour vivre une relation amoureuse épanouissante – comme elle le désire tant – elle cherche un partenaire en accord avec ses spécificités, et qui privilégie les ingrédients indispensables à son bonheur amoureux : le partage, la profondeur, l'authenticité, la sincérité, la compréhension, l'attention, et tant d'autres. Ainsi, la flèche de Cupidon pourra atteindre son but...

Ces principales caractéristiques de la sensibilité élevée dans la relation amoureuse peuvent notamment poser problème lorsque :

– l'un des partenaires est transporté par une intense passion contrairement à l'autre ;

© Groupe Eyrolles

– un partenaire demande à être protégé ou materné, alors que l'autre souhaite préserver une certaine indépendance ;

– l'un refuse de s'engager alors que l'autre cherche précisément à vivre une relation durable ;

– bien que très sensibles tous les deux, les partenaires ne partagent pas les mêmes goûts ou leur sensibilité s'exprime très différemment ;

le premier fait preuve d'une forte attention, d'une grande compréhension et de beaucoup d'empathie, alors que le second est beaucoup moins attentif et compréhensif ;

– l'un des deux est nettement plus sensible que l'autre, etc.

### Les caractéristiques principales des grands sensibles en amour

– Ils sont à la recherche de relations vraies et respectueuses, de partages sincères et de sentiments profonds.

– Leur haute sensibilité leur fait confondre intensité des émotions et intensité des sentiments, ce qui peut les conduire à penser qu'ils aiment passionnément, ou regrettent terriblement quelqu'un, simplement parce que leur ressenti avec lui était très fort.

– Ils ont tendance à habiller l'autre de beaux habits, parfois trop beaux et trop grands parce qu'ils sont idéalistes.

– Ils ont une relation très forte avec la justice et ne supportent pas le relativisme, le laxisme et encore moins les gens qui ne s'assument pas, ne s'engagent pas ou sont de mauvaise foi.

– Ils peuvent se croire bien traités car les petites attentions les comblent et comme un rien peut les toucher, certains peuvent en profiter…

– Ils peuvent être facilement la proie des manipulateurs, car il est facile de les séduire, avec leur idéalisme, leur sincérité, puis de les culpabiliser, avec leurs doutes, leurs fragilités, etc.

– Ils ont tendance à prendre les choses au premier degré ou au pied de la lettre, et du coup sont déstabilisés ou déçus si leur partenaire banalise un comportement ou un événement en leur disant qu'ils sont naïfs, crédules ou, pire, « immatures ».

– Ils sont choqués par la violence, aiment la nature et s'émerveillent facilement.

© Groupe Eyrolles

– Ils s'expriment ou se manifestent le plus souvent par une certaine forme de démesure, d'excès ou de ce qui peut être pris pour de « l'exagération », puisque leurs ressentis sont très puissants. Ils peuvent alors être accusés de faire des histoires pour rien.

À présent, nous allons chercher d'où viennent ces particularités et comment elles se déploient dans la relation amoureuse...

© Groupe Eyrolles

2

# Aimer au bon tempo

« Il est essentiel de ménager une place à l'ininterprété, à la liberté pour l'autre de dire, sans lui imposer une explication. »

Jean-Bertrand Pontalis • Entre le rêve et la douleur

# Quiz

## Comprendre sa sensibilité pour mieux aimer

Dans le tableau qui suit, entourez les lettres de la deuxième colonne pour chacune des phrases qui vous correspondent.

| | |
|---|---|
| Je souhaite être compris(e) et accepté(e) avec ma sensibilité. | A |
| Je sature vite, j'ai l'impression d'être débordée, d'avoir trop d'émotions. | B |
| Chaque sensation, émotion ou sentiment me touche profondément. | C |
| J'ai peur de déranger ou d'être rejetée. | A |
| Plus que tout, j'ai besoin de tendresse et de douceur. | C |
| Ma grande sensibilité me permet de tout vivre plus intensément. | B |
| Quand j'aime quelqu'un, je m'implique énormément et spontanément. | C |
| J'ai besoin de temps, seul(e), pour me reposer. | B |
| Pour moi, la relation amoureuse ressemble à une aventure partagée. | A |
| Une fois que j'ai pu me ressourcer, je suis plus disponible pour aller vers l'autre. | B |
| En amour, je souhaite être accueilli(e) et recevoir des marques d'attention. | A |
| Je souhaite réellement le bonheur de l'autre et je me démène pour y contribuer. | C |

Faites le calcul de A, de B et de C que vous obtenez.

### Vous avez entouré une majorité de A

Vous envisagez la relation amoureuse comme un cocon protecteur, un refuge à l'abri duquel vous pourrez couler des jours tranquilles avec la personne que

© Groupe Eyrolles

vous aimez. Vous attendez beaucoup de réciprocité, de compréhension mutuelle et d'harmonie partagée.

### Vous obtenez une majorité de B

Vous vivez de façon particulièrement intense. Vous êtes très enthousiaste et, peut-être, avide de sensations, de nouveautés. Parfois, votre impétuosité vous entraîne trop loin et vous vous sentez fatigué(e). Si vous vous octroyez un moment de repos, vous vous sentez capable de repartir de plus belle !

### Vous avez une majorité de C

Particulièrement sentimental(e), vous rêvez d'un grand amour, empreint de vraie tendresse et de beaucoup de douceur. Votre générosité et votre dévouement naturels vous poussent à beaucoup vous occuper de l'autre et à vouloir assurer son bonheur.

### Vous avez obtenu autant de A, de B et de C

Peut-être avez-vous entouré toutes les lettres ? Toutes ces propositions vous correspondent ? Alors, vous êtes l'exemple vivant de l'ultrasensible en amour ! La vie à deux vous va comme un gant… Vous êtes prêt(e) à rencontrer la personne juste, qui répondra à vos attentes et respectera vos besoins.

© Groupe Eyrolles

Tu sais, tu n'es pas obligée de toujours être d'accord avec moi!
home

Je sais, mais j'ai l'impression que c'est la seule façon de me faire aimer.

# Garantir et protéger le bonheur de l'être aimé

## Exercice 6

Essayez de vous observer pendant plusieurs jours, et même plusieurs semaines. Observez, par exemple, vos réactions à la stimulation, au stress, à la fatigue, etc. Vous pouvez noter dans un carnet ou dans ce livre le fruit de vos observations.

Comment vivez-vous la *stimulation*, par exemple lorsque vous recevez beaucoup d'informations à la fois, ou l'*excitation*, quand vous avez envie de faire un tas de choses passionnantes ou de voir un être cher ? Comment vous sentez-vous au début, puis au bout d'un certain temps ? Est-ce que votre excitation peut parfois se changer en stress ou en déprime ? Vous trouvez-vous fatigable ? À quels moments de la journée ou de la semaine vous sentez-vous le plus fatigué(e) ? Avez-vous repéré des circonstances qui augmentent votre sensation de lassitude ? Êtes-vous

© Groupe Eyrolles

facilement contrarié(e) ? Impatient(e) ? Irrité(e) ? Dans quelles conditions ressentez-vous du dégoût ou un trop-plein ? Avez-vous besoin de moments de solitude ? Prenez-vous le temps de vous reposer ? Quand ? Comment ? Trouvez-vous que vous manquez de repos ?

## Généalogie et histoire personnelle

La question des origines possibles d'une sensibilité élevée est en débat. D'un côté, la psychologue américaine Elaine Aron suppose que cette origine est génétique. De l'autre, les psychanalystes, de Ferenczi et Jung à aujourd'hui, affirment qu'elle se situe au cœur de l'histoire de chaque personne et de sa généalogie.

Mes recherches depuis de nombreuses années m'ont permis d'observer que la piste génétique concerne un grand nombre d'hyperesthésies, c'est-à-dire d'extrême sensibilité sensorielle : au toucher, aux odeurs, à certaines saveurs, à la lumière, au bruit ou à certains sons. Pourtant, là encore, j'ai pu remarquer que des facteurs extérieurs, notamment de type traumatique, peuvent engendrer une hyperesthésie, comme ces étudiants de classes préparatoires dont les yeux sont surmenés pendant des heures entières, jour après jour, sur de longues périodes, et qui deviennent hypersensibles à la lumière, le temps de leurs études, voire longtemps après encore, ou ces individus ayant vécu un syndrome d'épuisement professionnel (*burn-out*) et ne supportant plus le bruit, sans parler des personnes qui habitent en centre-ville et sont devenues intolérantes aux bruits, etc.

Pour toutes les autres formes d'hypersensibilité, les patients que je reçois ou les témoignages que je recueille confirment également à chaque fois la piste de l'histoire personnelle et familiale. Un traumatisme, un abandon, un secret, une série d'événements marquants, pour soi ou dans la généalogie, les conditions de vie, une forme d'éducation, certaines croyances, et bien d'autres facteurs encore sont à l'origine de leur ultrasensibilité.

En ce qui concerne cette recherche sur l'hypersensibilité en amour, la question des origines est complexifiée par les conceptions que chaque individu et chaque famille, voire chaque culture, porte, véhicule et entretient sur les relations amoureuses[1].

© Groupe Eyrolles

1 - Voir S. Tomasella, *Les Amours impossibles*, Eyrolles, 2011.

« La sensibilité, y compris excessive, est une chance pour l'individu qui en est doté, en ce qu'elle lui permet de vivre plus intensément son rapport au monde. Il est vrai que cette capacité a ses revers, à commencer par l'épuisement auquel elle conduit le sujet ainsi sollicité de toutes parts. Mais s'il faut réhabiliter la sensibilité en tant qu'enrichissement de la personne, il faut aussi rappeler que la perception décuplée que le sensible a de sa vie intérieure, il l'applique également à sa vie relationnelle.[1] »

Cette citation indique deux des enjeux majeurs d'une forte sensibilité au sein d'une relation amoureuse : d'une part, la très grande importance accordée aux sentiments de l'autre et à son bonheur ; d'autre part, le risque d'épuisement émotionnel et nerveux.

## Je veux ton bonheur

« Le bonheur, comme le malheur, est le propre de l'âme » écrivit Démocrite. Les ultrasensibles que j'ai entendus cherchent à mieux vivre leur sensibilité, leurs sentiments et leurs émotions. Ils espèrent rencontrer une personne qui les accepte tels qu'ils sont, ou aider leur partenaire amoureux à mieux les comprendre. Le plus souvent, ils apprécient leur sensibilité, même si leurs émotions les dépassent ; elle ne les gêne que par rapport aux autres, surtout ceux qui la dénigrent, la rejettent ou s'en moquent. Plus encore, les grands sensibles reconnaissent que le regard d'un autre très proche, son avis, son bonheur ou son malheur sont prépondérants. Ils orientent leurs pensées et leurs actions. C'est le cas de Maya qui accorde beaucoup d'importance au bonheur, au malheur ou à la souffrance de ses proches.

« Je suis heureuse quand les gens que j'aime sont heureux, et à chacune de leur joie. Et je suis triste quand ils le sont. »

MAYA

« Le bonheur des autres compte énormément pour moi. En amitié, le bonheur de mes amis me rend heureuse. Mon bonheur augmente avec celui de mes proches. En amour, encore plus... Inversement, si un drame arrive à un proche, je suis extrêmement touchée, je me sens emportée, comme si cela m'arrivait à moi aussi. »

SOPHIE

2 - M.-F. de Palacio, ouvrage cité, p. 82-83.

© Groupe Eyrolles

On peut dire qu'ils vivent selon la conviction que « le bonheur des uns fait le bonheur des autres ». Ce qui est vrai dans les relations amicales l'est évidemment beaucoup plus dans le lien amoureux. Ceux qui vivent cette attention dans la réciprocité sont les plus fortunés.

« Oui, c'est encore plus vrai dans mon couple. On essaye d'être apaisant l'un pour l'autre. On fait très attention l'un à l'autre. La priorité, c'est l'autre. Par exemple, lors des conflits avec les parents de l'un ou de l'autre, c'est ma famille (Charles, mon compagnon et Louise, ma fille) qui passe avant tout. Notre bulle est très solide. »

MARIE

Dans d'autres couples, *l'équilibre des sensibilités* peut être plus long à trouver. Ainsi, Lucie raconte comment elle cherche cet équilibre avec son compagnon, Stéphane, alors qu'ils ne vivent pas du tout de la même manière leurs sensibilités très fortes.

« Ce n'est pas forcément évident de se comprendre. Nous n'avons pas le même mode de relation. Moi, j'ai besoin de parler tout de suite. Pour moi, c'est insupportable d'être fâchés. Lorsque Stéphane me fait la tête, je le vis très mal. J'ai besoin d'être rassurée. Lui, au contraire, il a besoin de plus de temps pour digérer de son côté et revenir quand il sent que c'est possible. J'en deviens presque harcelante pour lui. Je suis très en demande. J'insiste beaucoup. »

LUCIE

Pour d'autres, cet équilibre est même laborieux à approcher, notamment quand leurs cultures et leurs habitudes familiales sont éloignées, voire opposées. Vanessa est Guadeloupéenne. Elle a épousé un homme japonais. En dépit d'un amour très fort entre eux, ils ne parviennent pas à communiquer facilement.

« Il ne montre pas ses émotions. Il a compris que la communication est indispensable pour le couple, mais il n'arrive pas à s'exprimer. Cela provoque des crises entre nous. Aucun ne sait comment aider l'autre… »

VANESSA

© Groupe Eyrolles

Enfin, pour certains, surtout parmi les hommes, le fait de découvrir sa sensibilité élevée permet de comprendre les échecs des relations amoureuses passées.

« Je me rends compte que ce qui a beaucoup compliqué les choses dans mes relations précédentes, c'est de méconnaître mon hypersensibilité et l'hypersensibilité en général, de subir la saturation émotionnelle sans la comprendre, de ne pas évoluer dans un milieu et avec des compagnes qui peuvent la comprendre, la sentir, et de ne pas la laisser s'exprimer. »

RAPHAËL

Raphaël met en évidence l'importance de connaître et reconnaître sa grande sensibilité, de pouvoir l'exprimer, mais il pointe aussi un des écueils des ultrasensibles : la saturation.

## Saturation émotionnelle et tendance à l'épuisement

Les personnes hypersensibles s'épuisent plus rapidement que les autres du fait qu'elles vivent tout de façon très intense *et* très impliquée. Elles ont besoin de « digérer » tout ce qui se passe pour elles, c'est pourquoi elles ont ce besoin crucial de se ressourcer souvent et d'évoluer dans un univers équilibré[1].

Nous avons déjà pu observer que cela peut venir d'une peur de mal faire ou de ne pas en faire assez.

« Je m'occupais de tout : l'administratif, l'organisation, les enfants, la préparation des week-ends, des vacances… et le désordre revenait chaque jour. Je voyais tout ce qu'il y avait à faire : ranger, faire les courses, nourrir les enfants, les changer, leur donner le bain, les aider à s'endormir… Je cherchais les solutions pour le couple. Depuis sa seconde grossesse, mon épouse était trop déprimée pour s'occuper du quotidien. Elle me laissait m'en occuper, puis me reprochait d'être trop difficile lorsque j'exprimais ma fatigue et mon besoin d'être aidé. »

SOFIANE

1 - Ilse Sand, *Hypersensibles. Comment gérer au mieux les situations du quotidien*, Trédaniel, 2017.

© Groupe Eyrolles

## Du temps et de l'espace pour soi

Trouver des moments rien que pour soi, parfois même plusieurs fois dans la journée, est vital pour les ultrasensibles. Ils sont bien conscients de cette nécessité vitale.

« J'ai un immense besoin de solitude et de tranquillité. Pour moi, c'est difficilement envisageable de partager un espace. Je ne souhaite pas rendre de comptes, c'est pour cela que je préfère travailler seule. »

SOPHIE

« J'ai besoin de mes moments à moi. J'ai besoin de solitude et d'espace rien que pour moi. »

MARIE

En couple, ce besoin est fondamental aussi et demande des aménagements de part et d'autre. Lorsque ce n'est pas possible, chacun préfère alors rester chez soi plutôt que d'habiter ensemble.

Si les temps de repos ne sont pas suffisamment respectés, la *saturation* guette et se manifeste de diverses façons : dégoût, lassitude, sensation de pléthore ou d'excès, nausée morale ou physique, impression d'être (littéralement) « gavé ».

Cette saturation survient par la conjonction de deux facteurs bien connus des grands sensibles : la « surstimulation » et l'accumulation. Trop de stimuli, trop d'incitations ou trop de sollicitations provoquent une excitation qui peut dépasser les possibilités de la réguler donc de la vivre agréablement, en donnant l'impression de maîtriser la situation. L'excitation laisse alors la place au stress, qui s'accumule inexorablement puisque les capacités de régulation sont débordées. Après les premiers signes d'impatience, qui expriment un besoin de repos pas assez respecté, vient l'*irritabilité* qui caractérise un état de saturation avancée, puis la crise de larmes (plus souvent pour les femmes) et la colère (plus facilement pour les hommes[1]).

Sofiane est un homme très calme et très doux. Lorsque l'excitation puis le stress et les contrariétés se sont trop longtemps accumulés en lui, il

1 - Les garçons ayant souvent appris à ne pas pleurer ou à ne pas exprimer leurs émotions, devenus hommes, ils se retiennent tant qu'ils peuvent puis, inopinément, explosent, deviennent violents ou se mettent en colère.

© Groupe Eyrolles

se sent à bout. Il lui arrive alors de craquer et de s'emporter. Il en est très malheureux après coup et observe alors que sa compagne a des difficultés à le comprendre et se sent chamboulée, impressionnée par la force de cette colère rentrée que rien ne pouvait laisser présager.

« J'ai deux personnalités en moi : une quand ça va bien, l'autre quand je suis débordé. Dans ce cas, je deviens rigide, réactif, abrupt, facilement en colère, et je ne me reconnais plus. Non, je ne suis pas du tout ça, cela ne me correspond pas. »

SOFIANE

Pour clore ce chapitre, laissons la parole à une fillette de douze ans, dont le père est ultrasensible. Cet homme, Antoine, lui aussi particulièrement doux et posé, comme Sofiane, devient irritable lorsqu'il est fatigué, et peut se mettre en colère si la surstimulation est excessive.

Il s'en veut énormément après. Il y a quelque temps, il a même dit à ses enfants qu'il était « fou », suite à un emportement qu'il a tout de suite regretté. Quelques jours plus tard, sa fille lui a donné une lettre dessinée et colorée, dont voici le contenu :

« Mon papa est fou. C'est lui qui me l'a dit, un jour après s'être fâché. Au début, je n'ai pas voulu le croire. Je me disais : pourquoi il dit cela ? Il n'est pas fou du tout. Moi, je connais des gens fous et ils ne sont pas comme ça ! J'ai réfléchi plusieurs fois, et voici ce que j'ai trouvé.

Il y a deux sortes de fous : ceux qui ne le savent pas et qui pensent qu'ils sont parfaits ; ceux qui le savent et qui sont des fous gentils, tête en l'air et originaux.

Mon papa fait partie de la deuxième catégorie. Il est simple, dit ce qu'il pense, ne cherche pas à faire bien, reconnaît ses fautes et a peur d'être méchant. Mon papa ressemble à un ours. C'est pour ça qu'il est tout le temps fatigué, car les ours hibernent et papa, lui, n'hiberne pas. Il n'a pas le temps de se reposer. »

© Groupe Eyrolles

Grâce à son observation très fine et à une réelle capacité d'empathie, la jeune fille a pu mettre en évidence le lien entre fatigue, absence de repos, irritabilité, colère et grande sensibilité. La connaissance de cette corrélation est l'une des clés pour bien comprendre ce qui se joue dans une relation, notamment amoureuse, avec des personnes très sensibles.

© Groupe Eyrolles

Non, non, je ne peux pas voir ce film, il est trop violent !
Ah bon... mais c'est juste Bambi de Walt Disney.

# Ces souffrances mal entendues

## Exercice 7

Vous souvenez-vous de circonstances bien précises dans lesquelles vous avez été gagné(e) par l'émotion d'une personne proche de vous ?

De quelle émotion s'agissait-il ?

Comment cela est-il arrivé exactement ?

Comment vous sentiez-vous avant d'avoir rencontré cette personne, et après ?

© Groupe Eyrolles

Pouvez-vous ainsi mesurer l'impact que peuvent avoir sur vous les émotions, les sentiments ou les idées des autres ?

.................................................................................................................

.................................................................................................................

.................................................................................................................

## Je suis plein de larmes

Deux jours avant de mourir, à Vence, en 1956, l'écrivain et journaliste français Henri Calet écrivait dans son carnet : « C'est sur la peau de mon cœur que l'on trouverait des rides. Je suis déjà un peu parti, absent. Faites comme si je n'étais pas là. Ma voix ne porte plus très loin. Mourir sans savoir ce qu'est la mort, ni la vie. Il faut se quitter déjà ? Ne me secouez pas. Je suis plein de larmes.[1] » Ces deux dernières phrases sont particulièrement saisissantes. Elles résument à elles seules la situation affective dans laquelle se trouvent les ultrasensibles. Il s'agit d'un tel trop-plein de sentiments, d'une telle surcharge de révolte, de souffrance ou de tristesse, contenus depuis trop longtemps, que la moindre brusquerie, une remarque peu amène ou simplement la plus petite mauvaise surprise, peut venir rompre les digues et déclencher le déversement d'un océan de découragement, de douleur ou de malheur. Depuis les lamentations du prophète Jérémie, dans la Bible, l'expression « verser des torrents de larmes » décrit le même phénomène sensible, d'autant plus présent, et troublant, dans les relations sentimentales, que la relation amoureuse est la scène intime où se révèle notre plus grande fragilité.

Nous commençons déjà à entrevoir qu'il ne s'agit pas seulement de cette forte capacité d'empathie qui les caractérise. Bien sûr, les grands sensibles sont capables de percevoir si leur partenaire est en difficulté, en peine ou en joie, et peuvent faire preuve, grâce à leur observation très fine, d'une grande compréhension envers celle ou celui qu'ils aiment. Bien entendu, ils sont doués d'une belle intelligence émotionnelle, donc très à l'écoute, et capables de se mettre à la portée de la personne aimée, mais nous touchons là un aspect plus profond de la sensibilité élevée, qui correspond intrinsèquement à une *vulnérabilité fondamentale*, que nous allons prendre le temps d'explorer.

1 - H. Calet, *Peau d'ours*, Gallimard, 1958.

© Groupe Eyrolles

## Ne me secouez pas

Ainsi, le refus de la brutalité ou le malaise face à la trivialité ne sont pas le fait d'une « sensiblerie » ou d'une « pruderie » d'un autre âge, ils sont l'expression d'une révolte face à la violence absurde, et – plus que tout – une demande de tact, une prière de ne pas être « secoué », c'est-à-dire brusqué, malmené ou chahuté. Cette attente de délicatesse de part et d'autre est centrale dans la relation amoureuse.

> « Entre mon compagnon et moi, cela devient difficile de choisir un film. Je ne peux plus regarder des films interdits au moins de 12 ans. Je ne supporte plus la violence et, même, la tristesse. Cela s'est même accentué ces dernières années. Je suis beaucoup moins insouciante. Pourquoi ? Le monde est devenu extrêmement violent. Cela fait trop ! Je n'en peux plus… »
>
> MARIE

Ce témoignage vient confirmer que, le plus souvent, l'hypersensibilité n'a pas un fondement génétique, mais très concrètement une origine historique et sociale, dans la réalité des expériences vécues.

Des décalages ou des désaccords peuvent alors effectivement naître dans le couple du fait de ce qui est apprécié, ou préféré, mais surtout de ce qui est supporté, par l'un ou par l'autre. Dans ce cas, chacun peut être amené à visionner de son côté, ce qui lui convient le mieux.

> « Je n'arrive plus à regarder des films violents : ça me détruit, c'est trop déstabilisant pour moi. À l'intérieur, ça attaque mes fondations. C'est difficile pour Axel, mon conjoint, car il aime beaucoup les séries. Par exemple, il a voulu me faire découvrir *The Leftovers*. C'est une très belle série, sur un sujet grave, réalisée avec beaucoup d'intelligence, mais je n'arrive pas à la regarder. Cela m'est impossible, je retrouve tout ce qui m'attaque vraiment tout le temps. »
>
> SOPHIE

Tout ce qui fragilise encore plus ou tout ce qui entre en résonance avec cette vulnérabilité de fond, devient impossible à soutenir, à supporter.

© Groupe Eyrolles

## Vivre à cœur ouvert

Il ne s'agit pas d'un « caprice » ou de « zèle », encore moins d'une « vue de l'esprit », mais d'une *réalité autant physique que psychique.*

> « Je ne regarde plus la télévision depuis longtemps. J'ai désactivé la lecture automatique des vidéos sur Internet, j'écoute de moins en moins les informations. Je vais même moins souvent au cinéma parce que c'est difficile de trouver un film qui me corresponde et les critères de mes amis ne sont pas les mêmes que les miens. Stéphane, mon compagnon, est frustré... De la même façon, je ne peux plus lire de livre sur les violences sexuelles, surtout s'il s'agit d'enfants, alors que je me démène dans une association pour entendre leur souffrance et faire valoir leurs droits. Je ne peux plus lire ce type de livres, cela provoque une véritable effraction en moi. »
>
> LUCIE

Nous retrouvons cette sensation de vivre « à cœur ouvert », comme l'a décrite Sofiane[1], sensation d'être tellement ouvert et disponible, qu'il n'est plus possible de se protéger derrière une carapace pour ne pas être touché... Ainsi sont les tout-petits enfants.

À ce propos, la journaliste Cécile Guéret fait très justement remarquer que « tous les enfants sont hypersensibles, car leur cerveau n'est pas encore parvenu à maturité[2] ».

## En deçà de l'empathie

Je ne vais pas revenir dans ce livre sur les différentes formes de traumatismes à l'origine de l'ultrasensibilité[3]. Je voudrais simplement ajouter un nouvel élément qui concerne la dimension traumatique diversement présente en chacun de nous, qui peut être réactivée par des événements extérieurs imprévisibles et incontrôlables.

« L'être humain n'est qu'un bébé pleurant dans la nuit, un bébé pleurant dans la nuit sans autre langage que les pleurs. » écrivit le poète britan-

© Groupe Eyrolles

---

1 - Voir le chapitre 5 de la première partie.

2 - Sur *France Inter*, le 18 avril 2017.

3 - S. Tomasella, *Hypersensibles. Trop sensibles pour être heureux ?*, op. cit.

nique Alfred Tennyson[1]. Ainsi, certaines patientes et certains patients expriment à quel point il est éprouvant pour elles et pour eux d'entendre pleurer un bébé ou un petit enfant. Cela leur est « absolument insupportable », car cela vient – incidemment – réveiller la mémoire de leurs détresses de tout-petits, de leurs impuissances anciennes et de ce qui est resté inexpliqué, inconsolé en eux.

Selon le même processus, des situations vécues de près ou de loin peuvent venir réactiver nos fragilités quelles qu'elles soient et nous rendre plus vulnérables, plus impressionnables, plus nerveux, irritables, anxieux, etc. Ainsi dans le lien amoureux, ce que vit l'un retentit sur ce que vit l'autre, les ressentis de l'un impactent ce que ressent l'autre, et réciproquement. De plus, ce phénomène est d'autant plus fort que ce que nous éprouvons dépasse notre capacité à en prendre conscience et à l'exprimer...

## Une forme de capillarité émotionnelle

En effet, dans une relation, ce qui n'est pas exprimé clairement par des paroles donne une coloration aux échanges et aux moments de présence commune, même silencieuse. Cette coloration concerne à la fois les émotions ressenties par chaque protagoniste ainsi que leurs pensées, imaginations, fantasmes... C'est ce que j'appelle l'imprégnation psychique. Ainsi, de façon non consciente, les émotions, les sentiments ou les pensées importantes pour l'un des conjoints peuvent progressivement imprégner, c'est-à-dire envahir et influencer, la vie psychique de l'autre conjoint. Il devient dépositaire d'informations qui ne le concernent pas directement, mais qu'il tente d'appréhender (de repérer et d'élucider) pour pouvoir vivre cette relation[2].

L'imprégnation psychique désigne plus particulièrement un phénomène qui prend place dans la durée. Si la coloration se met en place de façon rapide, parfois quasi immédiate, imprévisible et éphémère, il s'agit alors d'une forme de *contagion sensible*. À l'origine, le terme « contagion » désigne le contact, le fait d'être en contact, d'être touché. Aussi, la contagion concerne directement la sensibilité élevée, pour laquelle les perceptions sont une « affaire de peau », au sens large, donc de tact, de toucher, à travers la peau physique et la peau psychique (le « moi-peau »)[3].

1 - A. Tennyson, *In Memoriam*, traduction de l'auteur.
2 - Ce phénomène existe également dans la relation entre parents et enfants, grands-parents et petits-enfants.
3 - Pour plus de précisions, se reporter à *Hypersensibles. Trop sensibles pour être heureux ?*, partie II, pages 87-99.

© Groupe Eyrolles

La contagion sensible, qu'elle soit de nature sensorielle, émotionnelle ou sentimentale, correspond à la diffusion ou même à la propagation d'une sensation (par exemple la chaleur), d'une émotion (par exemple la peur) ou d'un sentiment (par exemple la tristesse). Cette « contagion » est d'ailleurs très bénéfique au lien amoureux puisqu'elle vient le renforcer en le nourrissant de tendresse, de joie, de désir, d'attention, d'affection, etc. Elle peut aussi être effective pour des émotions ou des sentiments moins agréables, qui ont plutôt tendance à éloigner les amoureux qu'à les rapprocher.

« Antoine se souvient d'une dispute mémorable avec sa femme, un matin de Noël. Ils s'étaient accrochés à partir d'un mot ; non pas à cause de son sens, sur lequel ils étaient bien d'accord, mais du fait de l'intonation spéciale que la femme d'Antoine avait utilisée. À travers cette inflexion, Antoine avait directement perçu que sa femme était épuisée et excédée. La violente et très brève querelle qui a suivi découlait de ce qu'ils n'arrivaient pas à se parler de cet épuisement qui les impressionnait et les inquiétait tous les deux. En observant les pleurs de sa femme et le long silence qui a suivi, Antoine a pu sentir à quel point la souffrance de son épouse, ce jour-là, l'avait directement impacté, devenant insupportable pour lui autant que pour elle. Le fait de pouvoir en parler plus tard dans la journée leur a permis de désamorcer rapidement ce conflit uniquement sensible, car rien ne les opposait sur le fond. »

Ainsi, la contagion sensible est une forme d'influence invisible et inaudible, une influence muette, en deçà du langage, et même en deçà des perceptions conscientes. On pourrait aussi parler de *propagation émotionnelle*.

## « La contagion des colères rassemblées »

Cette belle expression est de l'écrivain français Jules Lemaître[1]. Elle met en lumière comment une personne en colère peut rapidement en contaminer une autre, et inversement, dans une *interpénétration de deux influences*, comme l'exprime bien le mot « contamination », cette altération

1 - J. Lemaître, *Les Contemporains (1885)*, B&R, 2014, p. 272.

© Groupe Eyrolles

de soi par simple contact avec autrui. Ne dit-on pas que la colère est communicative, dans un couple comme dans une famille ou une foule ?

« Cette semaine, j'ai eu deux grosses engueulades avec mon mari. Il a tendance à être tout de suite sur la défensive, même si j'exprime un simple besoin pour moi. Il est tout de suite agacé. Du coup, je ne me sens pas comprise, même pas entendue, et je m'énerve à mon tour. Puis, comme il veut avoir absolument raison, il argumente par A plus B, avec une logique froide qui ne tient pas compte de mes ressentis. J'essaye de le lui expliquer et il me reproche d'être en colère. C'est sans fin ! »

NOLA

« Mon compagnon m'accuse d'être tout le temps en colère, toute seule, mais je ne suis pas la seule à être en colère. En fait, sa colère augmente la mienne. Comme il ne veut pas reconnaître que ma colère est partagée, je monte dans les tours. Je crie, je ne me sens pas bien, et lui – malgré sa colère – il devient rationnel, alors que moi je pars dans les émotions. Puis, tout d'un coup, il fait son maître zen. Après qu'il soit sorti de ses gonds, il me reproche d'être en colère, moi ! »

AUDE

Il est vrai que, pour une personne très sensible, rien ne peut la mettre plus en colère que le fait de ne pas être respectée dans sa sensibilité et entendue dans ses ressentis, comme si cette sensibilité n'avait aucune importance et que les ressentis étaient niés.

Alors que le compagnon d'Aude peut se montrer très sensible dans bien des occasions, lors d'un conflit, il peut aussi devenir extrêmement rationnel, occulter ses émotions et celles de sa compagne. Cela enferme Aude dans une spirale infernale, comme si elle se cognait contre un mur. *La fermeture de l'un provoque inévitablement la détresse de l'autre*, puisque la communication s'arrête tout à coup et laisse complètement désemparée la personne qui, elle, reste connectée à sa sensibilité[1].

1 - Ce mécanisme nocif est également présent dans la perversion. La différence réside dans l'intention délibérée de nuire et de détruire de la part de la personne perverse, alors qu'ici il s'agit d'une défense inconsciente, sans intention dégradante, contre un trop-plein d'émotions.

© Groupe Eyrolles

Dans cette situation extrême, il arrive à Aude, et à bien d'autres personnes très sensibles, de tout voir en noir, de craindre que ce ne soit plus possible de continuer à vivre avec l'autre et de vouloir remettre en cause l'ensemble de la relation, ce qui augmente le désarroi autant que la douleur. La personne blessée et incomprise, blessée aussi parce qu'incomprise, a l'impression de « tourner dans le vide comme une toupie[1] ». Elle serait prête, pour que cela s'arrête, à provoquer la pire chose qu'elle puisse envisager : la séparation.

L'essentiel est déjà que la personne hypersensible arrive à mieux comprendre sa situation avec autant de clarté d'esprit et d'acuité que cela lui est possible. Après quoi, elle peut découvrir comment ne pas se laisser emporter par cette contagion, reprendre la main sur ce qu'elle vit elle-même... Comment faire pour ne pas se laisser happer par cette capillarité affective ? Comment faire pour ne plus subir et alimenter ce cercle vicieux ?

Nous l'aborderons plus concrètement dans la troisième partie, mais le principe fondamental est de revenir à soi, ses sensations corporelles, sa respiration, son mouvement, ses attentes personnelles, son désir propre et ses projets.

© Groupe Eyrolles

1 - Cette image revient souvent dans le discours des patients.

J'ai tellement peur que tu m' abandoooonnes...

# De la mise à l'écart à la crainte du rejet

## Exercice 8

Comment vivez-vous vos émotions ?

..............................................................................................................

..............................................................................................................

Vous submergent-elles facilement à la surface ou, au contraire, les gardez-vous enfouies tout au fond de vous ?

..............................................................................................................

..............................................................................................................

..............................................................................................................

Avez-vous tendance à rire aux éclats, à vous exciter rapidement, à vous inquiéter, à pleurer ou vous fâcher pour des raisons qui échappent aux autres ?

..............................................................................................................

..............................................................................................................

..............................................................................................................

© Groupe Eyrolles

Vos émotions provoquent-elles des réactions physiques (maux de ventre, transpirations, battements de cœur, migraines...) ?

Quelles sont les émotions qui vous troublent le plus ?

Viennent-elles aussi perturber votre relation amoureuse ?

## La peur d'être rejeté

« La réceptivité émotionnelle est probablement l'aspect le plus compliqué et éprouvant pour la personne sensible. [...] Non seulement nous vivons un spectre d'émotions bien plus large que la moyenne des gens, mais nous vivons aussi tout avec beaucoup plus d'intensité. Nous réagissons avec plus d'émotions à chaque chose qui se présente dans notre vie, qu'elle soit négative ou positive[1] » écrit Else Marie Bruhner. C'est d'ailleurs cette caractéristique qui attire des appellations ou des quolibets aussi faux et dévalorisants qu'injustifiés : douillet, voire « douillet affectif[2] », chochotte, chichiteux, capricieux, mièvre, larmoyant, etc.

Si ces imprécations sont fréquemment adressées à une personne très sensible dans sa famille ou sa relation amoureuse, il n'est pas étonnant qu'elles finissent par faire naître en elle un sentiment de honte.

> « Pendant longtemps, j'ai eu une peur énorme que mon compagnon se moque de moi et qu'il me rejette. J'avais l'impression d'être inadaptée. J'avais honte. »
>
> LUCIE

© Groupe Eyrolles

1 - E.-M. Bruhner, op. cit., p. 46.
2 - Terminologie employée par un psychiatre pour désigner ses patients sensibles.

L'émotivité puissante des ultrasensibles concerne deux phénomènes conjoints de résonance ou d'écho, qui complètent ceux que nous avons déjà vus précédemment :

1) L'enchevêtrement des émotions, qui s'activent, voire se renforcent les unes avec les autres, s'accumulent, et peuvent engendrer une forme de confusion.

« Antoine est un homme très sensible qui cache sa sensibilité derrière un aspect sérieux, presque austère et un grand savoir intellectuel déconnecté de son corps. Dès qu'une émotion se présente à lui, il préfère la fuir, sans vraiment réussir à s'en débarrasser. Il se rend bien compte, avec le temps, que ses émotions restent en attente de reconnaissance et qu'elles se mélangent les unes avec les autres. Il ne sait plus alors s'il s'agit de peur, de tristesse, de colère, d'ennui, de déception ou même de tout autre chose. Il se sent confus et se réfugie encore plus dans l'abstraction mentale, ce qui l'éloigne de plus en plus de sa femme. Antoine ne sait même plus ce qu'il ressent pour elle et s'installe dans une routine, qui lui déplaît plus encore qu'elle pourrait le rassurer. »

2) L'amplification des affects, par laquelle chaque émotion retentit plus fortement que ce qu'elle représente ou signale réellement.

« Depuis toujours je porte bien mon prénom de fleur car je suis "fleur bleue". J'adore les comédies romantiques (*Lalaland* par exemple), les dessins d'animations à la japonaise (*Le Voyage de Chihiro*), les belles histoires (*Elle et Lui*) qui montrent la force des émotions et m'apportent de l'espoir dans cette vie compliquée. Au contraire, je ne supporte pas les films trop durs. Ils me mettent mal à l'aise comme si c'est moi-même qui ressentais la souffrance. Par exemple, je n'ai pas pu regarder jusqu'au bout le film de Mel Gibson, *La Passion du Christ*, car je portais toute sa souffrance[1]. Quand on est très sensible, on ressent les émotions beaucoup plus amplifiées que les autres personnes. »

ROSE

1 - Ce témoignage confirme le malaise face à violence, que nous avons déjà mentionné.

© Groupe Eyrolles

Les personnes comme Rose ont souvent l'impression que les émotions qu'elles ressentent grandissent en elles avant même qu'elles puissent les repérer et choisir de faire quelque chose pour prendre de la distance (comme ici, dans l'exemple, arrêter de regarder le film).

Cette amplification des ressentis est très nette dans une relation amoureuse où elle vient décupler la passion, l'attirance, le désir, l'euphorie, mais aussi les désillusions, les regrets, les moments d'antipathie, de répulsion et de mécontentement.

Ces phénomènes d'enchevêtrement et d'amplification des émotions sont involontaires. Ils échappent à toute possibilité de contrôle. Prenons l'exemple de la peur, qui est une émotion très profonde. Aucun raisonnement rationnel ne suffit à la faire totalement disparaître. De même, il ne suffit pas de dire à quelqu'un « sèche tes larmes » ou « pense à autre chose » pour faire s'évaporer un chagrin !

De ce fait, la formulation, pourtant très utilisée, « gérer ses émotions » est une illusion. La réalité des émotions est beaucoup plus complexe et nous déroute immanquablement, tous autant que nous sommes, tout simplement parce que nous sommes humains. Cela ne veut pas dire qu'on ne puisse rien faire, au contraire, nous y reviendrons au cours de la troisième partie. Disons, pour l'instant, que l'enchevêtrement et l'amplification des émotions rendent la vie plus compliquée aux ultrasensibles et leur apportent autant d'extases que d'inquiétudes, si ce n'est d'angoisses, dans leur vie amoureuse...

## Laisse-nous tranquille avec tes émotions

Tel est plus ou moins le vœu qu'expriment ou laissent entendre bien des individus qui entourent une personne très sensible. De même, dans un lien amoureux, la personne la moins sensible des deux, ou la moins émotive, peut facilement avoir tendance à demander à l'autre de moins montrer ses émotions, ou de moins être émue (comme si c'était possible !), car l'émotion d'autrui nous « dé-range », au sens propre. Elle nous fait sortir du confort de notre ordre habituel, dans ou par lequel nous essayons de trouver notre équilibre.

© Groupe Eyrolles

### Rejeter l'autre pour mettre à distance les émotions gênantes

Lors d'un malentendu dans un couple, non seulement les émotions se sont intriquées, accumulées et amplifiées, mais la mise à l'écart de la personne qui dérange, correspond avant tout à *la mise à l'écart des émotions gênantes.*

Ainsi, se débarrasser de l'autre, le repousser, voire le quitter, correspond parfois uniquement à une manœuvre psychique qui vise à se débarrasser d'émotions que l'on ne supporte pas, et des prises de conscience sur soi-même que l'on ne se sent pas prêt à accepter.

Les expériences de rejet vécues à l'âge adulte par une personne très sensible, dans un groupe ou dans un couple, font très souvent écho à des situations similaires dans leur vie affective et amoureuse, présente ou passée. Ces moments douloureux peuvent donner l'impression d'une répétition décourageante, voire d'une sorte de fatalité désespérante.

Nombreux sont les témoignages allant dans ce sens. De surcroît, dans les récits de vie que j'ai pu recueillir, beaucoup d'hypersensibles mentionnent de cruels moments d'abandon, ou d'humiliation, lorsqu'ils étaient enfants ou adolescents.

« Enfant, Antoine a été abandonné de nombreuses fois par sa mère, qui était seule avec lui, après avoir quitté son père. Il arrivait fréquemment que la mère d'Antoine le laisse dans l'appartement la journée pour aller faire des courses qui s'éternisaient, ou le soir, seul dans son lit. Le petit Antoine n'arrivait pas à s'endormir. Sa mère allait voir des hommes et pouvait le laisser ainsi des heures, ou toute une nuit, complètement isolé et désemparé. Antoine regrette de ne pas arriver à aimer une femme. Dans chacune de ses relations, il se laisse choisir, puis il s'accroche à sa compagne, non par amour, mais par peur d'être de nouveau abandonné. Sa vie amoureuse n'est pas heureuse, il le reconnaît, sans savoir pour l'instant comment faire pour changer de mode relationnel et affectif. »

Ces blessures d'abandon ou de rejet rendent ceux qui les ont vécues plus vulnérables en amour. Ils sont à la fois plus en demande, plus sur la

© Groupe Eyrolles

défensive et plus prompts à être déçus, sans oublier qu'ils ont – en plus – souvent peur de gêner l'autre.

## La crainte de déranger

Comme un pli pris très tôt dans l'enfance ou durant une précédente relation amoureuse, un être hautement sensible peut redouter de prendre trop de place, d'en faire trop, et craint de se rendre insupportable, donc d'être brutalement exclu d'un groupe ou d'une relation.

« J'ai peur d'être rejetée, c'est lié à mon passé douloureux car j'ai vécu beaucoup d'abandons de la part de ma famille, puis lors de ma première relation amoureuse. Cela me colle à la peau. Je dis souvent à mon mari que je ne sais pas comment il fait pour rester avec moi, je suis tellement difficile à vivre avec mes sautes d'humeurs. »

ROSE

Cette préoccupation pour autrui est très fréquente, surtout au sein du lien d'amour. Jessica complète le partage de Rose :

« En fait, j'ai peur de blesser mon compagnon... J'ai peur qu'il me dise que je prends trop de place, que j'en fais trop ... Il m'arrive, en ouvrant ses messages, d'avoir une peur subite de lire : «Bon, c'est fini, on va arrêter là !». Je me rends compte que cela vient de mon enfance et de ce qu'on a dit de moi, surtout quand je m'affirmais. Mes parents me faisaient des reproches pour me faire taire. Ces reproches étaient comme des coups... Je ne veux plus croire à ces méchantes phrases. Je veux croire que j'ai ma place et que l'on peut communiquer en cas de besoin ou de désaccord, sans risquer d'être rejetée. »

JESSICA

Ainsi, fondamentalement, la personne ultrasensible attend de son partenaire amoureux d'être accueillie, c'est-à-dire acceptée dans sa fragilité, protégée du rejet ou même de l'abandon, qu'elle redoute plus particulièrement. À défaut de pouvoir trouver une « garantie contre l'abandon », qui n'existe pas en réalité, elle souhaite au moins être comprise et reconnue par son partenaire amoureux...

© Groupe Eyrolles

Lola, qu'est-ce que tu attends de moi ?
Trois fois rien... Simplement que tu me comprennes !

# Être enfin compris

## Exercice 9

Avez-vous tendance à être très proche de votre partenaire amoureux, au point d'avoir sans cesse besoin de sa présence ?

Dans l'affirmative, est-ce le cas pour toutes vos relations ou seulement les relations amoureuses ?

Peut-être même uniquement cette relation-là ?

Essayez d'évaluer honnêtement votre degré de dépendance ou d'indépendance amoureuse.

© Groupe Eyrolles

## Qui peut me comprendre ?

L'écrivain américain Francis Scott Fitzgerald, extrêmement sensible lui aussi, écrit avec la délicatesse et la subtilité qui le caractérisent : « C'était un de ces rares sourires avec une qualité d'éternelle réassurance que vous ne rencontrez que quatre ou cinq fois dans votre vie. [...] Quelqu'un vous comprend autant que vous souhaitez être compris et cru, de la même façon que vous aimeriez croire en vous-même, et vous assure qu'il est précisément convaincu que vous pouvez donner le meilleur de vous-même[1]. »

Le besoin d'être compris existe fondamentalement chez tout être humain dès l'aube de sa vie. Pour l'être ultrasensible cela peut même devenir une quête, tant l'incompréhension des proches, mais aussi des enseignants puis des collègues, peut avoir été son lot quotidien, y compris au cours de certaines histoires d'amour qui se sont mal passées.

> « Je me sens souvent incomprise. Il me semble percevoir les choses différemment, je suis interloquée du comportement sans empathie ou sans bienveillance de bien des personnes... Je me pense sur une autre planète et je me sens seule. Même mon mari, que j'aime depuis des années et qui me connaît plutôt bien dans l'ensemble, n'arrive pas à me comprendre. Cela crée des angoisses car j'ai besoin d'aide et puis... rien. »
>
> NOLA

Ce constat désabusé est fréquent, même si – encore une fois – une minorité de personnes hypersensibles affirment bien vivre leur sensibilité extrême, en être heureuses et ne pas en souffrir dans la relation avec les autres, notamment en amour. D'autres ont aussi la chance d'avoir rencontré un partenaire qui parvient à les comprendre suffisamment.

> « Très, très souvent je me sens incomprise du fait que je me sens complètement en décalage avec le reste de mon entourage, au travail, en famille, avec mes connaissances. Heureusement, comme mon mari est aussi hypersensible, ça m'aide énormément car il n'est jamais dans le jugement. La communication, l'écoute dans le couple, c'est vital, surtout lorsqu'on est hypersensible. »
>
> ROSE

© Groupe Eyrolles

1 - F. Scott Fitzgerald, *The Great Gatsby*, Peguin Classics, 2006, p. 48 (traduction de l'auteur).

L'incompréhension dont souffrent les grands sensibles de la part de leur partenaire amoureux peut se manifester sous diverses formes :

- une perplexité ou une gêne face à leur singularité ;
- une indifférence à ce qu'ils sont, expriment, souhaitent, rêvent ou pensent ;
- un refus ou un rejet de leur originalité, de leur imagination, de leur créativité ;
- une tendance à la moquerie, à la dévalorisation, au cynisme, au sarcasme, à l'humiliation ;
- une culpabilisation, une volonté malhonnête ou malveillante de leur faire croire que leur sensibilité est un problème, une tare ou, pire, une faute.

Bien souvent, les hypersensibles sont familiers de ce type d'incompréhension qu'ils ont connu dans leur enfance ou leur adolescence. À l'âge adulte, cela ravive d'anciennes blessures.

Dans les moments de célibat, cette difficulté à se faire comprendre peut peser douloureusement et renforcer le sentiment de solitude, tout comme elle peut aussi favoriser une certaine sagesse, un détachement ou une plus grande clarté.

« Les personnes qui me comprennent, je les compte sur les doigts de la main. Je pense que j'accorde de moins en moins d'importance à ceux qui ne me comprennent pas, notamment ceux dont je ne suis pas proche. Avec les proches, cela dépend, je peux être un peu déçue. Tout dépend de l'ampleur du sujet d'incompréhension. Avec un compagnon, s'il s'agit de valeurs fortes pour moi, je sais que je peux mettre fin à la relation. Certaines choses sont rédhibitoires. »

MAYA

Cela pose donc la question de ce qui est attendu de l'autre dans la relation d'amour. Question plus importante qu'il n'y paraît, car au-delà des critères de choix et des valeurs à partager, existe cette soif de vraie rencontre et de partage profond dont nous avons déjà parlé, soif d'authenticité qui caractérise tant de grands sensibles.

© Groupe Eyrolles

## Quelles attentes ?

Les vœux d'amour des personnes très sensibles se rejoignent sur l'essentiel de ce qu'est, en réalité pour tout le monde, l'amour, lorsqu'il est vécu dans la sincérité partagée. La seule spécificité notable concerne la force de ces vœux : que tout cela devienne possible, réel, tant cela leur paraît précieux et vital à cultiver, à favoriser, à protéger.

« J'attends de mon mari que notre couple ne soit jamais acquis. C'est une dynamique perpétuelle avec beaucoup de communication au calme pour pouvoir se comprendre et éviter les incompréhensions involontaires. » La tendresse est irremplaçable, pas seulement dans les gestes mais aussi les attitudes : « Mon mari me réveille chaque matin par téléphone avec des mots doux. Je souhaite partager beaucoup de moments avec lui, comme une balade ou la visite d'un musée, tout en gardant une vie sociale riche pour pouvoir mieux se retrouver ensuite. Se soutenir dans tous les moments de la vie. »

ROSE

Beaucoup de personnes interrogées déclarent avoir un grand désir de contact physique, désigné comme « essentiel » : des câlins, des bisous, des massages, des caresses, le contact des mains... Autant de formes d'expression de l'amour. Elles souhaitent dire également leurs sentiments grâce à des menus gestes intimes, comme le bisou du matin et du soir, les mots doux, les petits cadeaux, les attentions délicates, les regards, les sourires, etc. Toutes ces manifestations de la présence dans la relation et de l'affection partagée dont elles ont tant manqué dans leur enfance, notamment dans la relation avec les parents.

« Je suis très attentive à exprimer mes sentiments. J'accorde beaucoup d'importance à la tendresse. J'ai vraiment besoin d'en recevoir et d'en donner. Câlins, regards aimants, contacts physiques, affection réelle, accueil entier. J'existe pour l'autre, et réciproquement. Il m'écoute vraiment, moi aussi. Je suis à la recherche d'une intensité de la présence. »

MARIE

© Groupe Eyrolles

Comme Antoine, qui n'avait pas reçu de marque d'affection et même d'intérêt de la part de sa mère, Nola souhaite vivre au fond tout ce qui caractérise un lien humain réel et fort.

> « J'attends du partage, de la connivence, des silences... une grande compréhension mutuelle, de vivre simplement en s'émerveillant tous les deux. J'attends des regards qui parlent, des mots doux, des voyages... pour créer des beaux souvenirs qui nous accompagneront longtemps. »
>
> NOLA

Les aspirations amoureuses de l'individu dont la sensibilité est élevée se rejoignent autour de l'écoute, de l'attention, du respect, du partage, de la tendresse, de la communication, de la compréhension, de l'empathie, de la confiance, de la sincérité, de l'authenticité, de l'ouverture, du soutien, de la légèreté, de l'humour, de la surprise aussi et d'un espace parfois solitaire, parfois partagé, pour la vie intérieure (émotions, rêves, désirs, pensées, sentiments).

Enfin, il arrive souvent que les attentes envers l'autre correspondent à un désir de lui apporter autant, dans un vœu de donner en retour et un souci de réciprocité.

> « Je ne me sens pas tout le temps à la hauteur de ce que je souhaiterais donner. Après une grande journée de travail, je n'ai pas forcément l'énergie pour m'occuper de mon mari, ce qui me chagrine. J'aimerais faire plus pour lui, mais je n'ai pas assez de temps. Quand je cuisine, je veux que le plat soit réussi, sinon cela m'angoisse. C'est mon côté généreux mais exigeant ! Parfois cela m'empêche même d'apprécier complètement les bons moments avec mon mari. »
>
> ROSE

Cette générosité dans la relation d'amour se traduit également par des doutes fréquents, liés à l'appréhension d'avoir pu décontenancer l'autre de la même façon que l'on peut être soi-même décontenancé par des attitudes ou des propos l'on a mal compris.

© Groupe Eyrolles

« Je peux être très enjoué lors d'un repas ou d'une sortie, un peu excité peut-être, en tout cas de bonne humeur. Du coup, je me laisse aller plus que d'habitude. Je plaisante, je taquine ma compagne, je lui dis ce qui me passe par la tête. Quelquefois, je sens qu'elle ne comprend pas bien ce que je lui dis ou pourquoi je ris. Je vois une ombre passer dans son regard, ou j'entends un silence un peu plus long que d'habitude.

Après, une fois l'excitation retombée, je m'en veux, je crains de lui avoir fait de la peine, et cela me pèse un bon moment, parfois même encore après qu'elle m'ait rassuré. Je me dis que je ferai plus attention la prochaine fois, mais quand l'ambiance est bonne, je redeviens joueur et cela recommence... »

SYLVAIN

Nous retrouvons dans cet exemple un autre paradoxe des personnes ultrasensibles : l'excès, les débordements et l'amplification, d'un côté ; la peur de mal faire, de déranger et de blesser, de l'autre. Cette complexité affective est à la fois riche et source d'inquiétudes. Elle explique le tempérament tourmenté des hypersensibles.

## Quelques fausses routes

Comme nous l'avons vu avec Antoine, ces tourments, cette intranquillité, peuvent conduire une personne très sensible à choisir la sécurité plutôt que l'amour, surtout si cette personne est peu en confiance avec elle-même ou craint d'être délaissée. Ainsi, Catherine se trouve malheureuse dans un mariage qu'elle n'a pas vraiment choisi. Elle répète que sa mère s'est sacrifiée pour elle et pour son père, comme si ce « sacrifice » ne l'autorisait pas à être heureuse, elle, et qu'elle devait se sacrifier à son tour, dans une loyauté sans faille à sa mère.

De son côté, Natacha ne se sent pas très libre dans sa relation avec son nouveau copain. Elle n'ose pas lui dire qu'elle a besoin de temps pour elle et pour voir ses amies, parce qu'elle ne veut pas lui faire de peine. Petit à petit, elle accepte ses chantages de peur de le rendre triste, et elle s'étiole progressivement, en se repliant sur elle-même.

© Groupe Eyrolles

Cependant, le plus souvent, la recherche de la sécurité avant tout mène à des relations fusionnelles, ou de « dépendances affectives », selon l'expression consacrée[1].

La protection que semble apporter une relation fusionnelle ne suffit pourtant pas à atténuer la difficulté de la séparation et les débordements émotionnels qui en découlent, tout simplement parce que rien ne peut faire disparaître la sensibilité, à moins de s'en couper radicalement, ce qui n'est pas le choix que font les grands sensibles !

« Petite, j'ai été séparée de ma mère quelques années parce qu'elle était malade et j'ai très mal vécu la situation. Je n'ai pas réussi à tisser de lien fort avec mes grands-parents, qui ont pris le relais sans gaieté de cœur.

Aujourd'hui encore, à chaque fois que je quitte ma mère qui habite loin, je ne peux pas m'empêcher de pleurer à chaudes larmes comme une enfant. Je sais que cela peut sembler ridicule, mais c'est plus fort que moi.

Je pensais que cela passerait après avoir trouvé l'homme de ma vie et fondé ma famille. C'est le cas, mais je réagis de la même manière quand je dois être loin de mon époux pour quelques jours ou quand mes enfants retournent chez eux après leur séjour chez nous. »

MILA

Cet exemple, presque canonique tellement il est clair, met en évidence de quelle façon la séparation fragilise puisqu'elle réactive une vieille plaie (ici, l'abandon vécu lorsque Mila était toute petite). Du fait de cette blessure fondamentale, Mila est très sensible à la séparation lorsque s'éloigne une personne importante pour elle.

Même si voir partir une personne aimée n'est facile pour personne, cela peut prendre des proportions qui dépassent la personne très sensible, d'abord gênée par la force du chagrin qui la submerge, puis par celle de la honte qui vient bientôt s'y ajouter, dans ce *tour de manège* caractéristique où les émotions s'accumulent, s'enchevêtrent et s'amplifient.

S. Tomasella, *Les relations fusionnelles*, Eyrolles, 2016.

© Groupe Eyrolles

Ce phénomène est encore accru au sein de la relation amoureuse, où chaque personne se sent d'autant plus vulnérable que les sentiments et les enjeux existentiels y sont particulièrement puissants.

© Groupe Eyrolles

Parfois, je me demande si je ne suis pas autiste ou Asperger...

# Loin des autres

## Exercice 10

Voici le « jeu du triangle ». Il permet de repérer les modèles relationnels, issus de nos parents, qui influencent notre propre façon d'être en relation.

Sur une feuille orientée au format paysage (en long), écrivez le prénom de votre mère en haut à gauche, puis celui de votre père en haut à droite, enfin le vôtre vers le bas au milieu, en laissant de la place en dessous. Sous chaque prénom, tirez un petit trait vertical pour créer deux colonnes. Dans chaque colonne de gauche, vous inscrivez ce qui vous semble être une difficulté ou un défaut dans la façon d'être en relation de ce parent. Dans chaque colonne de droite, vous écrivez ce qui vous semble être un atout ou une qualité dans leur façon d'être en relation. Commencez par vos parents, puis faites la même observation pour vous. Enfin, choisissez quatre stylos, feutres ou crayons, de couleurs différentes. Deux pour les qualités et les défauts relationnels de votre mère. Deux pour ceux de votre père. Avec chacune des couleurs, entourez dans leurs colonnes puis dans les vôtres, les qualités ou les défauts relationnels qui correspondent à ceux de chacun de vos parents.

© Groupe Eyrolles

Que constatez-vous ? Êtes-vous étonné(e) ?

Il se peut que vous soyez un peu gêné(e) ou déçu(e). Dans ce cas, essayez d'accepter ce que vous avez découvert, sans vous juger... Cela facilitera les transformations qui se feront en vous, d'elles-mêmes, en profondeur.

## Une difficulté de contact au sein du couple

Il n'est pas rare que, même au sein du couple, l'ultrasensible ressente une gêne ou de la maladresse pour entrer en contact avec l'autre. Des décalages entre les partenaires peuvent alors se manifester, avec la crainte pour l'hypersensible que cela lui soit reproché ou qu'il ne soit pas compris. Ces discordances, souvent profondes, constituent alors le ferment de la plupart des malentendus, ou de disputes revenant régulièrement, laissant chaque fois chacun aussi désemparé.

« J'imagine un manque de tolérance à mon égard, une absence de patience. Je me sens coupable... C'est la même chose avec mon époux, je me sens tout le temps en faute en face de lui. »

AUDREY

Beaucoup de grands sensibles (pas tous) ont tendance à se sous-estimer et ne se trouvent pas grande valeur. Ils en déduisent qu'ils ne sont pas réellement dignes d'être aimés, qu'ils ne sont pas intéressants, ou même se voient « petits par rapport aux autres, qui sont grands, comme s'ils n'avaient pas grandi ».

Ce type de croyance peut induire des comportements attentistes, voire infantiles.

« Je me croyais incapable de trouver une femme qui me convienne. Je me suis laissé choisir. Maintenant, je me sens forcé d'aimer ma femme. Elle me reproche de ne pas l'aimer assez. La relation tient par des compromissions. Je n'ai pas envie de la faire souffrir. Je refuse systématiquement la confrontation. Je fais des contorsions pour tenir. Je m'accommode de situations insatisfaisantes. Je manque de courage.

© Groupe Eyrolles

Si je commence à parler, ma compagne va discourir pendant des heures sur sa souffrance, ou alors elle interprète chaque mot que je dis. Le dialogue est impossible, alors je préfère me taire. »

ANTOINE

Comme lui, d'autres regrettent d'être partis sur des mauvaises bases, le plus souvent pour créer une cellule familiale, en faisant passer ce projet avant l'amour, puis en acceptant d'en rabattre sur leur bonheur, par peur du conflit, de la solitude ou, aussi, du fait d'une incapacité à mieux communiquer.

« J'ai au fond de moi quelque chose qui m'empêche de vivre ma vie et d'être heureux en amour. Une anxiété presque permanente, un vide intérieur. Je me sens seul au monde, isolé, enfermé entre quatre murs, sans famille, alors que j'ai une famille et que je ne vis pas seul ! »

RÉMI

Cela aboutit à un repli sur soi, qui peut virer à l'isolement, même au sein du couple.

Pour lui, envisager de se retrouver seul dans un appartement semble impossible. « Cela me fait trop peur. » avoue-t-il, aussi désemparé qu'un tout-petit. « Même sans amour, je préfère la sécurité malheureuse à la liberté heureuse ». La relation tourne en rond, rien ne progresse. Le décalage sensible et existentiel ne produit alors plus de dynamique d'évolution.

## Se mettre hors-jeu

La *tendance à l'isolement* ne correspond pas seulement à une façon de se retirer de ce qui semble trop difficile ou impliquant dans la relation, elle peut concerner aussi une forme d'absence à soi-même.

« Tu planes, tu planes, tu n'es pas là ! » me dit ma femme. Et c'est vrai, je ne suis pas vraiment là… Je ne suis pas complètement né. Je ne suis pas incarné. Je n'ai pas été accueilli par ma mère lorsque j'étais bébé. Adolescent, je ne me sentais pas exister non plus pour elle. Je n'étais qu'une abstraction. Je le suis resté : dans mon travail, je suis beaucoup dans les concepts, les abstractions. Je ne suis pas en relation avec de vraies personnes en face de moi. »

RÉMI

© Groupe Eyrolles

Rémi est ingénieur. Son métier est conceptuel. Il est aussi Franc-maçon, et se rend bien compte que les discussions lors des tenues sont très souvent abstraites. Il reste dans ce registre mental comme dans sa relation avec sa femme.

Avec l'avancée en âge, beaucoup de grands sensibles constatent qu'ils « récupèrent moins facilement » et qu'ils ont besoin de plus de temps seuls, pour se retrouver et se ressourcer.

Comme Antoine de Saint-Exupéry dans *Le Petit Prince*, les individus hypersensibles expriment souvent leur préférence pour la présence et les jeux des enfants. Ils apprécient peu la compagnie des adultes, dont les discussions sérieuses les ennuient.

Aussi, certains d'entre eux se sont sérieusement demandé s'ils ne souffriraient pas du syndrome d'Asperger[1]. Peu d'entre eux ont passé le test, fastidieux il est vrai, avec des résultats inégaux. En effet, les personnes dites « Asperger » ou « précoces » ou présentant une forme d'autisme léger sont fréquemment (mais pas systématiquement) hypersensibles. En revanche, l'inverse n'est pas forcément vrai[2].

## L'amour est-il possible ?

Aussi, beaucoup de grands sensibles ont repéré que leur ultra-sensibilité découle du manque d'amour dont ils ont pu souffrir dans le passé. Ils sont alors d'autant plus déçus de ne pas recevoir autant d'amour qu'ils l'espéreraient dans leurs relations affectives.

« Dans mes relations amoureuses, j'ai donné beaucoup spontanément, sans recevoir en échange. Mais, surtout, les souffrances et les incompréhensions sont venues de l'absence de connaissance de mon hypersensibilité. Je ne savais pas que mes réactions étaient aussi intenses à cause de mon hypersensibilité. »

RAPHAËL

© Groupe Eyrolles

1 - Le syndrome d'Asperger est caractérisé par des difficultés importantes de socialisation associées à des comportements répétitifs.

2 - Comme nous l'avons déjà précisé, les personnes à « haut potentiel » représenteraient environ 2% de la population, contre 20 à 25 % pour les hypersensibles.

Raphaël a pu croire aussi qu'on ne faisait pas assez attention à lui, alors qu'il attendait trop de ses compagnes successives. Étant naturellement très à l'écoute de l'autre, avec une perception très intuitive, il avait cru pouvoir compter sur la même écoute et attention en retour.

« Jusqu'à aujourd'hui, personne n'a pensé ou voulu me protéger des sources de souffrances liées à mon hypersensibilité. Au contraire, je reçois en retour des réactions d'incompréhension lorsque je me renferme pour me protéger. Enfin, mon hypersensibilité a aussi été une faille, une porte d'entrée que certaines femmes manipulatrices ont utilisée. »

RAPHAËL

Bénédicte confirme ce lien entre désamour dans l'enfance et hypersensibilité douloureuse.

« Je suis extrêmement sensible… Je pense que tout a commencé pour moi dans l'enfance. J'ai été mal aimée. Je suis timide et anxieuse. Depuis j'ai évolué, mais j'ai vécu bien des déceptions en amour. Quand je rencontrais un homme, je faisais celle pour qui tout va bien, mais ce n'est pas vraiment moi. Je n'ose pas mettre des limites et je suis vite agacée : je veux, je ne veux plus, c'est dur… J'ai surtout une grande sensibilité envers les animaux ! Je me demande si je les aime plus que les humains, car eux ne me déçoivent pas ! »

BÉNÉDICTE

Aussi, lors de l'enquête, beaucoup de femmes et d'hommes très sensibles, notamment après quarante ans, ont déclaré ne plus vouloir se lancer dans une relation amoureuse.

Pour celles et ceux qui s'y risquent tout de même, comment vivre au mieux leurs amours ? Nous allons nous pencher concrètement sur cette question dans la prochaine partie…

© Groupe Eyrolles

### L'hypersensibilité ou la chance d'un supplément d'âme

Gardez en mémoire que l'un des souhaits les plus chers de la personne ultrasensible est d'être comprise. À partir de son histoire personnelle, souvent empreinte de malentendus, de manques et de blessures, s'est dessinée son extrême sensibilité qui l'accompagnera tout au long de sa vie, et qui ne demande qu'une chose : être acceptée et accueillie.

Quand cela est possible, l'hypersensibilité est alors vécue comme une chance, comme un « supplément d'âme » qui permet de tout vivre plus intensément ! Que ce soient les sensations, les émotions ou les sentiments, chaque mouvement de sa vie intérieure vient la surprendre et la toucher profondément. Chaque relation, et davantage la relation amoureuse, ressemble pour elle à une aventure, tant elle s'implique et se donne, dans un élan naturel et spontané. Son mode de vie tout en délicatesse lui apporte de grandes joies, mais aussi de nombreuses craintes, comme celles de déranger ou d'être rejetée.

De ce fait, en amour, la personne hypersensible a un grand besoin d'être accueillie, d'être sincèrement aimée, de recevoir des marques d'attention, et plus que tout, elle espère de la tendresse et de la douceur. En contrepartie, elle est capable de beaucoup pour son (sa) partenaire, car elle souhaite réellement son bonheur et se démène pour y contribuer. Le revers de la médaille est sa tendance à la saturation émotionnelle, qu'elle peut apprendre à repérer et à écouter, pour se reposer et se ressourcer, avant de pouvoir revenir vers l'autre avec une plus grande disponibilité.

© Groupe Eyrolles

# 3

# Amour sensible, amour heureux !

« Les êtres humains ne naissent pas une fois pour toutes, mais la vie les oblige de nouveau à accoucher d'eux-mêmes. »

Gabriel Garcia Marquez

# Quiz

## Pour aimer de mieux en mieux

Pour chaque proposition, essayez de vous évaluer honnêtement en repérant où vous en êtes aujourd'hui. Mettez une croix dans la case « oui » ou dans la case « non » selon vos perceptions du moment. Si vous ne savez pas quoi répondre, laissez les cases vides. Vous y reviendrez plus tard.

| | Oui | Non |
|---|---|---|
| Je connais ma tendance à idéaliser l'autre et j'essaie de rester proche de la réalité en observant simplement ses qualités et ses défauts. | | |
| Je fais la différence entre l'intensité des émotions et la profondeur des sentiments, entre ce qui est impressionnant et ce qui est important. | | |
| Je suis en quête d'authenticité, je m'entoure de personnes profondes et sincères avec qui je me sens bien. | | |
| J'évite les personnes manipulatrices, je préfère être seul(e) plutôt que de souffrir dans une relation toxique. | | |
| Comme je ressens ce que je vis avec beaucoup de force, je suis souvent en décalage avec les autres, je ne cherche pas à les convaincre. | | |
| Je préviens mon partenaire que je suis très sensible et je lui explique dans quelles conditions je veux vivre la relation. | | |
| J'aide les autres par petites touches, selon mon temps et mon énergie. | | |
| Je ne me force pas à faire ce qui ne me convient pas pour plaire à l'autre. | | |
| Je pratique des activités qui me plaisent et me font du bien, seul(e) sans mon partenaire. | | |
| Je garde du temps pour me reposer, me ressourcer. J'écoute ce besoin en moi. | | |
| Mes exigences favorisent la qualité de la relation, mais je veille à rester souple, ouvert(e) et tolérant(e). | | |
| J'exprime régulièrement à mon conjoint ce qui est important pour moi. | | |

© Groupe Eyrolles

| | Oui | Non |
|---|---|---|
| J'accepte que mon partenaire soit différent de moi. Nous prenons le temps de mieux nous connaître. | | |
| Je privilégie la relation. Je me rends disponible pour échanger, partager et faire des choses ensemble. | | |
| Je suis fier(e) de ma sensibilité et j'aide mon amoureux(se) à l'être aussi. | | |
| J'ai compris qu'aimer est une expérience humaine fondamentale qui peut rendre plus fragile ou révéler nos fragilités. J'en tiens compte pour moi et pour la personne que j'aime. J'accueille nos vulnérabilités. | | |

Une fois que vous avez fini de cocher les cases qui vous correspondent, reprenez les idées auxquelles vous avez répondu « non » et classez-les dans l'ordre de la plus importante à la moins importante pour vous.

De temps en temps, par exemple une fois par mois, reprenez la première de ses idées et essayez d'évaluer comment vous avez pu évoluer. Lorsque vous pouvez y répondre « oui », passez à l'idée suivante (à laquelle vous aviez répondu « non »). Prenez votre temps, vivez vos évolutions à votre rythme, parlez-en avec votre partenaire, sollicitez-le pour cheminer ensemble...

Au bout de quelques mois, vous verrez que vous vivrez mieux votre sensibilité dans la relation amoureuse. Vous pourrez ainsi *augmenter entre vous la puissance de l'amour*, donc la capacité de vous aimer l'un l'autre et de vous épanouir mutuellement !

En attendant, rappelez-vous que pour donner toutes les chances de réussir à une relation amoureuse, il est primordial d'annoncer à l'autre son hypersensibilité. Dire ce qui blesse, ce qui perturbe, ce qui fragilise, est une façon d'être honnête, aussi bien envers soi qu'envers son partenaire, et permet de commencer une relation sur de bonnes bases. De même, exprimer ses attentes, selon ses critères, et mettre en avant sa façon de voir la relation, sont des prérequis favorables.

La relation amoureuse est le lieu de tous les possibles, et si l'on souhaite atteindre les étoiles, alors des fondations solides doivent être posées en amont. Ainsi, au préalable, cela demande de prendre le temps, pour apprendre à se connaître, pour passer des moments privilégiés ensemble, pour échanger, mais aussi pour apprivoiser aussi bien sa sensibilité dans ce nouvel univers, que celle de l'autre. C'est alors que la magie de l'amour peut donner à chacun des partenaires une force insoupçonnée, qui, conjointe, se décuple et augmente la puissance de cet amour.

© Groupe Eyrolles

Je préfère être franche, je veux que tu saches que je suis hypersensible.

Je m'en étais douté.

# Je m'exprime, tu t'exprimes

## Exercice 11

Le « jeu du carré » est très proche de celui du triangle (présenté au chapitre précédent). Essayez de repérer le couple qui a le plus marqué votre façon d'être en lien. Peut-être parce que vous l'avez choisi en modèle (un film, un roman ?) ou parce qu'il vous a marqué(e) tout au long de votre enfance (vos parents, des proches).

Pour cela, tracez une ligne horizontale au milieu d'une feuille au format paysage. En haut, écrivez les mots qui caractérisent la relation de votre couple de référence, en inscrivant d'un côté les caractéristiques qui étaient favorables à la relation et de l'autre celles qui ne lui étaient pas favorables. Sous la ligne, faites la même chose pour votre relation actuelle, ou votre dernière relation amoureuse. Avec des couleurs, reliez avec les vôtres les caractéristiques que vous pourriez avoir reprises à ce « couple modèle ». Proposez à votre partenaire d'en faire autant, puis croisez les résultats et discutez-en ensemble.

© Groupe Eyrolles

## Un exemple de « jeu du carré » pour Valérie

| | Défavorable à la relation | Favorable à la relation |
|---|---|---|
| **Couple de référence** | Orgueil | Temps réguliers de discussion |
| | Volonté d'avoir raison et d'avoir le dernier mot | Promenades ensemble |
| | Disputes pour un oui pour un non | Pratique religieuse commune |
| | Rigidité | Vie amicale |
| | Jugements très durs | Vacances |
| | Intolérance | Projets |
| | Travail mis au-dessus de tout | |
| | Dramatisation | |

| | Défavorable à la relation | Favorable à la relation |
|---|---|---|
| **Mon couple actuel** | Entêtement | Émerveillement |
| | Vouloir faire accepter ma sensibilité | Enthousiasme |
| | Je m'emporte rapidement | Spontanéité |
| | Je change souvent d'humeur | Générosité |
| | Je veux tout le temps être comprise | Empathie |
| | Exigences très élevées | Goûts communs et activités partagées |
| | Besoin d'être rassurée | Tendresse réciproque |
| | Peur d'être rejetée | Sexualité épanouie |

Valérie retrouve certains défauts et certaines qualités du couple de ses parents dans sa relation amoureuse actuelle. Ces correspondances lui permettent de se rendre compte que ce qu'elle a « emprunté » à ses parents ne découle pas de son hypersensibilité, mais ne l'aide pas forcément à bien vivre sa relation avec son compagnon, sauf ce qui concerne leurs activités communes (sorties, vacances, projets de vie).

© Groupe Eyrolles

## L' « empowerment » ou l'intelligence du nous

Pour celles et ceux qui vivent l'aventure de l'amour sensible, le chemin de l'épanouissement mutuel passe par ce que les Anglo-Saxons appellent l'*empowerment* ou « empouvoirment »[1]. Ce mot désigne l'augmentation de la puissance, ici de la puissance de l'amour, du désir et du plaisir. Puissance au sens que lui donnait déjà le philosophe grec Aristote, c'est-à-dire *la puissance comme capacité*. Cela implique de développer ensemble tout ce qui favorise le lien, sa qualité, sa force, sa vitalité, sa solidité, son enrichissement, sa pérennité aussi. Cette augmentation de la capacité amoureuse, de la puissance d'aimer, passe notamment et concrètement par des actions communes d'accueil, d'écoute, de connaissance, de construction et de création.

## Je préfère te dire que...

Que l'on ait rencontré une personne elle-même très sensible, ou pas, mieux vaut parler tout de suite de votre hypersensibilité. Les grands sensibles ont en effet tout intérêt à dire à celui ou celle avec qui ils tissent une relation qui leur semble importante, qu'ils sont hypersensibles.

Surtout, ils ont intérêt à dire à l'autre ce qu'il (elle) devrait éviter de dire ou de faire, car ils n'ont pas assez de « protection » pour que cela soit anodin. Par exemple, éviter les moqueries prétendument « gentilles », les critiques devant témoins, l'impudeur concernant leur sexualité ou leurs fragilités, etc.

« Je déteste les cachotteries. J'aurais l'impression de jouer une pièce de théâtre et d'étouffer mon vrai moi intérieur qui ne demande qu'à s'exprimer. Je souhaite rester moi-même et tant pis si ça ne plaît pas, surtout quand on vit en couple. Il vaut vraiment mieux se dévoiler dès le départ pour que l'autre puisse te connaître à 100 % (points positifs et négatifs), afin d'éviter les déceptions ensuite. C'est l'expérience avec plusieurs partenaires qui m'a permis d'oser exprimer ma vraie personnalité tout de suite, sinon on va se

1 - Avec Karine Hyenne, nous avons choisi de traduire « empowerment » par « empuissancement » pour désigner le développement qualitatif mutuel de la relation et, plus spécifiquement, par « épanouissance » en ce qui concerne la croissance qualitative de l'amour réciproque dans le lien amoureux.

© Groupe Eyrolles

sentir mal avec le temps. On apprend avec les erreurs ; ensuite, le couple va mieux. C'est impossible pour une personne hypersensible de jouer un rôle, car on ne peut pas garder ses véritables émotions cachées à l'intérieur de soi. Nous avons besoin de faire sortir nos émotions sans retenue. »

ROSE

Les résultats de l'enquête montrent qu'il est plus facile de vivre l'amour entre deux personnes très sensibles. Les relations avec un partenaire peu sensible sont souvent décevantes, blessantes même.

« Avant Axel, je n'ai connu que des hommes peu sensibles qui m'ont fait beaucoup de mal en ne reconnaissant pas ma sensibilité. J'avais peur d'être rejetée, d'être larguée. Peur du jugement, de ne pas être comme il faut, pour eux mais aussi pour moi. J'essayais de correspondre à un modèle, de me couler dans le moule, mais je n'y arrivais pas. Alors, je m'accrochais à l'autre. J'essayais d'imiter les autres et de décoder leurs habitudes, mais je n'y comprenais rien. Je singeais vaguement la séduction, les minauderies, etc. J'étais complètement à côté de la plaque. Je n'avais aucune confiance en moi. Depuis que je suis avec Axel, ma vie amoureuse a changé, ma vie entière a changé. Chacun fait très attention à l'autre. En même temps, on ne laisse rien passer, même si on le fait avec délicatesse. Tout est important. On est très vigilants tous les deux. On se parle beaucoup. On essaye aussi de ne pas se blesser. »

SOPHIE

La rencontre avec un autre individu ultrasensible change résolument la donne.

Bien entendu, pour la plupart des personnes hypersensibles que j'ai écoutées, la possibilité de bien vivre un lien d'amour passe, au mieux, par la rencontre d'une personne très sensible, ou suffisamment sensible, mais surtout par une transformation intérieure.

« J'ai heureusement enfin trouvé mon âme sœur. Mais j'ai énormément souffert… car je suis presque tout le temps dans le trop,

© Groupe Eyrolles

trop et trop ! J'aime trop fort, je suis trop possessive, trop envahissante… trop jalouse, trop apeurée, trop aimante… J'ai beaucoup travaillé pour être moins excessive dans mon comportement, même si mon cœur reste fragile. Aujourd'hui, je suis fière d'être hypersensible, fière d'être ce que je suis et c'est depuis que je m'accepte que je me sens beaucoup mieux… »

STELLA

En plus de cette tendance à l'excès affectif, dont nous avons déjà longuement parlé, se trouvent cette ouverture et cette générosité amoureuses qui font tout ressentir plus fort et donne envie[1] de tout donner.

L'acceptation de sa sensibilité élevée et la *fierté* qui en résulte sont réellement pour moi l'une des clés majeures de l'évolution favorable d'une personne ultrasensible, pour elle-même et dans ses relations affectives[2]. Je me permets d'insister sur ce point, car beaucoup de personnes qui souffrent de leur haute sensibilité sont en quête de « solutions », croyant d'ailleurs que ces solutions viendront de l'extérieur, d'un « coach » ou d'un livre, alors que la transformation ne peut venir que de l'intérieur, avant tout par l'acceptation de sa sensibilité, puis par la joie d'être sensible. En un mot : une réconciliation avec soi-même.

À moins de choisir de se couper de sa sensibilité, comme le font les pervers et les psychopathes, ponctuellement ou durablement, il n'existe aucune « solution » pour être moins sensible. Alors, autant apprendre à vivre au mieux avec cette sensibilité unique qui est la sienne !

Après plusieurs années de thérapies et de psychanalyse, Maya confirme cette métamorphose :

« Je dis de plus en plus ce que je pense, car je souhaite de plus en plus être fidèle à moi-même. Je sais que c'est ainsi que je suis bien avec moi-même. Je sens que c'est bon pour moi et que je gagne en confiance en agissant ainsi. »

MAYA

Même s'il n'est possible d'être vraiment soi-même qu'avec peu de personnes, bienveillantes et compréhensives, cela vaut la peine de l'être, au moins en amitié et en amour.

1 - « En-vie », comme le précisent certain(e)s patient(e)s pour insister sur leur mouvement de vie, leur désir.

2 - Voir *Hypersensibles. Trop sensibles pour être heureux ?*, ouvrage cité.

© Groupe Eyrolles

« Je sens les personnes rares avec qui je peux être authentique. Cela ne m'arrive pas souvent à vrai dire. J'y parviens si je me dis que l'autre m'aime d'amour ou d'amitié comme je suis, et s'il ne le fait pas tant pis... » Nola peut goûter cette qualité de relation avec son mari, sa fille, sa meilleure amie et, parfois, son frère. »

En plus des démarches thérapeutiques, de nombreuses personnes très sensibles ont aussi pu développer une meilleure confiance en elles et une plus grande capacité d'affirmation grâce à une vie associative et des engagements citoyens. Cette découverte est l'un des points forts de l'enquête que j'ai menée pour ce livre. *La préoccupation sincère pour la planète, la nature, les animaux et les humains maltraités est une constante particulièrement nette.*

« J'étais très sensible au regard des autres, mais cela a changé. Je le suis moins, grâce à mes engagements citoyens, la vie en communauté, le combat pour l'écologie. Cela a donné une légitimité à ma parole. Je n'ai plus peur de passer pour une conne. Je n'ai plus la mauvaise impression d'être gnangnan. Je sens que je suis lucide, que mes convictions ont de la valeur et que je peux les affirmer sans honte. »

LUCIE

Lucie est heureuse de pouvoir partager ses convictions avec son compagnon et se sent non seulement comprise, mais soutenue sans réserve, par lui. Cet exemple illustre bien comment la *capacité d'aimer* peut être augmentée par l'amour vécu dans le lien, donc par la confiance réciproque, notamment grâce à la franchise de part et d'autre.

## Développer l'*empowerment*, même si l'on est (encore) célibataire

Rencontrer « l'âme sœur », comme le dit si joliment la tradition populaire, ou trouver la personne juste, qui nous correspond profondément, est loin d'être facile, malgré la pléthore de sites de rencontres en tous genres (les sites autant que les rencontres)...

Cela n'empêche pas de s'y préparer au mieux et de commencer déjà à s'inscrire dans une démarche d'augmentation de la capacité d'aimer, pour soi dans un premier temps, puis avec l'autre, le moment venu.

© Groupe Eyrolles

« J'ai compris qu'en m'aimant de plus en plus moi-même, je ferai alors une très belle rencontre, parce que je serai attirée par un homme qui a le même niveau d'amour que moi, donc qui m'aimera vraiment. »

MAYA

## Préciser ses attentes

Être conscient des exigences (ou des valeurs), des critères et des aspirations qui sont les nôtres, en ce qui concerne à la fois la personne que nous souhaitons rencontrer et la relation que nous voulons vivre, est un préalable qui favorise la rencontre.

Certaines personnes choisissent leurs partenaires amoureux selon des critères prescrits par la famille, la société, les magazines... or une belle relation ne peut se créer et se déployer dans l'*épanouissance* que si elle répond à nos propres besoins et, surtout, à nos désirs véritables. Sinon, il y a de grandes chances pour qu'elle ne soit pas satisfaisante. Pour celles et ceux qui ne savent pas très bien, au fond, ce qu'ils attendent de l'autre, il est possible de prendre une feuille de papier et d'écrire, en vrac et spontanément, les critères qui leur semblent fondamentaux chez un partenaire – par exemple l'empathie, la douceur, la fantaisie, l'indépendance... – et ceux qui leur semblent rédhibitoires. Puis, après avoir laissé de côté cette liste pendant une semaine ou plus, il est intéressant de la reprendre pour mettre en évidence les critères qui ne semblent pas négociables et sur lesquels on ne souhaite pas transiger, et éventuellement la réajuster. Cela permet bien souvent d'identifier ce qui est vraiment important pour soi, et ce qui, au fond, ne l'est pas tant que ça. Surtout, n'oublions pas que nos « critères » peuvent évoluer au fil du temps, des discussions avec les proches, des expériences de vie, etc. Rien n'est gravé dans le marbre.

## Accueillir l'inconnu

Chacun peut avoir des préférences et des limites dans ce qu'il attend d'une relation. Pour autant, si l'on s'aperçoit que nos idées ou nos croyances nous ont souvent conduits à l'échec, il vaut mieux donner une chance à l'imprévisible et partir à l'aventure sur des terres inconnues. La rencontre avec une personne que l'on n'attendait pas, avec ses spécificités et ses différences, va alors créer une surprise bénéfique, même si la relation risque d'être plus ou moins déroutante au départ. Cela peut même être très stimulant !

© Groupe Eyrolles

La seule invitation fondamentale que l'on puisse formuler est de bien préciser dès le début de la relation que vous êtes très sensible, comment cela se manifeste pour vous, quelles sont vos fragilités et de quelle façon vous souhaitez être accepté(e) et accompagné(e) sur ce chemin d'amour. Vous avez tout à y gagner. Si votre partenaire se moque de vous ou vous tourne en ridicule, c'est la preuve évidente que vous n'êtes pas compatibles. S'il (ou elle) refuse d'en tenir compte, vous le constaterez très vite et vous pourrez vous dégager d'une relation qui ne pourrait pas être bénéfique pour vous. Au contraire, si l'autre vous écoute et vous accueille, le lien d'amour n'en sera que plus solide et plus viable.

N'oubliez pas que vous ne devez jamais accepter d'être diminué(e), réduit(e) ou rétréci(e) par qui que ce soit ou quoi que ce soit. *Choisissez résolument une personne, un projet de vie et un type de relation qui vous élèvent et vous grandissent...*

© Groupe Eyrolles

Je me montre telle que je suis et je lui confie tout, vraiment TOUT ce que je pense.

Euh... ce n'est pas forcément une bonne idée !

# Tout dire ou pas ?

## Exercice 12

**Première option : vous vivez une relation d'amour.**

Une fois de temps en temps, régulièrement, envoyez une lettre à votre partenaire. Une lettre aussi soignée, agréable ou enflammée que si vous étiez au tout début de votre relation. Dans cette lettre, aucun reproche, aucune critique, seulement des douceurs, des gentillesses, des compliments, des évocations érotiques, une invitation (au restaurant, à l'opéra ou au théâtre), une proposition de voyage, etc. Selon vos goûts ou vos talents, vous pouvez aussi varier d'une fois sur l'autre en envoyant un dessin, un collage poétique ou humoristique…

**Seconde option : vous êtes célibataire.**

Vous pouvez jouer à vous envoyer la lettre d'amour que vous aimeriez recevoir si vous aviez un(e) amoureux(se) et vous offrir régulièrement une sortie, différente à chaque fois. Faites-vous plaisir !

© Groupe Eyrolles

## De l'accueil réciproque à l'écoute partagée

Nous avons découvert comment l'augmentation de la puissance amoureuse s'appuie dès le départ de la relation sur la franchise des deux partenaires, qui font équipe ensemble. Quelle est donc la limite de ce que l'on peut se dire ? En ce qui concerne l'intimité psychique et physique, c'est-à-dire le plus précieux, le plus personnel, le plus impliquant, le plus palpitant aussi, est-il nécessaire ou salutaire de pousser cette franchise jusqu'au bout, jusqu'à une volonté de transparence complète ? Les réponses sont diverses, chacun ayant ses limites individuelles et devant les faire connaître à l'autre, avec tout de même la persistance d'un *désir de clarté et de partage* très net pour la majorité des personnes interrogées.

« Sur la plupart des sujets, même intimes, je parle beaucoup. C'est un moyen d'avancer et d'y voir plus clair. Parfois, ça peut déranger mon mari, par exemple lorsqu'on regarde une émission à la télé, car je commente sans arrêt ce que je ressens. »

ROSE

L'imagination et les rêveries, par exemple, les réflexions sur soi-même ou les doutes sont partagés plus rarement que d'autres pensées moins révélatrices des profondeurs de l'être. Cependant, l'émotivité de la plupart des personnes très sensibles peut les entraîner à *se livrer plus qu'elles ne le souhaiteraient*. Elles le regrettent souvent après.

« Je ne dis pas tout, mais j'en dis trop, surtout si je parle quand je suis énervée, ou si je ressens une injustice, ou même si j'ai peur. Je m'aperçois très vite que j'en ai trop dit... Quand je suis très émue, j'ai tendance à imaginer le pire ou à avancer des explications plutôt catastrophistes et cela ne fait qu'envenimer la situation. Dans d'autres cas, je peux me tromper en attribuant, à tort, des mauvaises intentions à mon mari... Après coup, je me rends compte que je complique et que j'aurais mieux fait de ne rien dire. J'ai aussi un énorme besoin de partage. Cela peut être trop selon mon époux. Il me reproche de trop décortiquer, car lui parle peu et la proximité physique avec moi lui suffit. »

NOLA

© Groupe Eyrolles

En dehors des débordements émotionnels, il existe une corrélation entre la volonté de dialogue ou de partage avec l'autre et le risque de l'envahir, de le lasser.

Ce qui importe le plus est que chacun puisse exprimer tout ce qu'il souhaite partager, ni plus ni moins, à son rythme et à sa façon, dans un équilibre à découvrir progressivement ensemble et qui peut aussi évoluer avec le temps.

Parler trop n'est pas bénéfique pour la relation, comme en témoigne Antoine, dont l'épouse monopolise la parole dès qu'il essaie de lui faire part de ce qu'il ressent profondément. Là encore, les différences sont significatives selon le type de partenaire, selon qu'il ou elle est plus ou moins sensible. Dans une relation avec un partenaire peu sensible ou peu ouvert à la sensibilité, la possibilité de parler de soi intimement semble compromise ou réduite.

« Tu ne peux pas tout dire, c'est trop dangereux. Mon compagnon n'avait pas conscience que l'intime est précieux. J'avais peur d'être piétinée, de ne pas être entendue, qu'il se moque de moi, me trouve trop sensible, ridicule. C'était d'une violence inouïe. J'étais très angoissée, je souffrais beaucoup. J'étais vraiment angoissée et je me sentais terriblement fragile. »

CLÉMENCE

En revanche, lorsque le lien d'amour est vécu avec une personne très sensible, le partage intime devient possible, beaucoup plus facile, évident même.

« Dans ce cas, parler de soi devient possible. Du coup, c'est hyper-enrichissant. Avec Charles, nos visions du monde sont vraiment différentes, alors nos discussions sont très riches. Cela crée un équilibre, une sorte de régulation. Nous ne sommes pas sensibles aux mêmes choses. Moi, plutôt à la beauté, à l'environnement ; lui, à l'honnêteté, à la perversion aussi, il a un vrai radar pour détecter les manipulations. Entre nous, il y a beaucoup de respect, de protection, de soutien aussi. Même s'il y a des désaccords, chacun aide l'autre et respecte ses limites. »

MARIE

© Groupe Eyrolles

Cette complémentarité féconde est un aspect important de l'*épanouissance*, de l'augmentation de la capacité d'aimer pour l'un comme pour l'autre, dans le lien amoureux. Cela signifie que l'amour et la possibilité d'aimer croissent pour chacun et pour la relation qu'ils développent ensemble. Après de nombreux « échecs amoureux », Rania a rencontré un homme qui la comprend et qui l'aide à bien vivre sa sensibilité élevée :

> « J'ai eu de la chance de rencontrer un homme très sensible. Cela m'a beaucoup aidée à avancer. Ça va faire trois ans de mariage. Notre relation est très intense depuis le début. C'est la première fois que j'ai vraiment le sentiment d'être comprise et c'est valable pour lui, réciproquement. En plus, chacun de nous accepte que l'autre ait besoin de ses moments de solitude, pour se ressourcer. Souvent, aussi, nos intuitions se confirment, c'est rassurant. »
>
> RANIA

D'ailleurs, les relations passées ne sont pas tellement des « échecs », puisque chaque expérience peut être riche de sens et favoriser une meilleure qualité de relation à l'avenir.

## Sauvages plutôt que vulgaires

Partager l'intimité avec l'autre, pouvoir parler en étant authentiques de ce qui est intime, fait préférer aux ultrasensibles le réel nu, voire cru, de l'érotisme, à la vulgarité des stéréotypes et des propos salaces, qu'ils soient violents ou moqueurs.

> « La vulgarité est un mal de nos sociétés actuelles où le corps devient uniquement un objet de jouissance à court terme, égoïstement. On oublie l'autre en face, ce qui est impossible à envisager quand on est hypersensible. C'est important de respecter l'autre tel qu'il est, de tenir compte de ses désirs et de ses préférences, de ses réticences aussi. »
>
> ROSE

Le philosophe Emmanuel Lévinas affirme que « Seul un moi vulnérable peut aimer[1] ». Ainsi, la vulgarité est une défense contre l'intime, un rejet de l'intimité, en ce qu'elle est une parade massive pour empêcher l'accès

1 - E. Lévinas, *De Dieu qui vient à l'idée*, Vrin, 1982, p. 145.

© Groupe Eyrolles

à sa propre vulnérabilité ou à celle de l'autre. La rigolade pulsionnelle sur le corps organique déconsidéré, passé à l'abattoir du mépris comme de la viande de boucherie, est une négation de l'âme, donc de la sensibilité, une épouvante en regard de la puissance étourdissante de l'amour, qui, elle, ouvre grand les portes du cœur.

## Préparer le nid à venir

Pour les personnes qui sont seules, le désir de vivre un véritable partage intime, aussi sincère que respectueux, est également très vif. Il est au cœur de leurs aspirations amoureuses.

« Jusque-là, en amour j'en disais beaucoup trop peu, car je ne savais pas qu'on pouvait tout dire (si, si !), et je ne voulais pas décevoir l'autre, le mettre dans l'embarras de mes dires, le lasser, et sûrement qu'au final j'avais peur qu'il me quitte pour cette raison. »

MAYA

Là encore, l'intuition de ce que l'on peut communiquer à l'autre et de ce qui reste de l'ordre de la vie intérieure favorise la préparation du « nid d'amour », ainsi que le formule joliment l'expression populaire, comme si la relation existait déjà potentiellement avant la rencontre.

« À l'avenir, j'aimerais pouvoir dire ce que j'ai envie de dire, sachant que je ne souhaite pas dire tout ce qui se passe en moi. J'ai un genre de filtre de choses à dire et d'autres que je garde pour moi, car je sens que ce n'est pas abouti ou que ce n'est pas nécessaire… Je ne veux pas déverser toute ma vie intérieure sur l'autre, ce qui risquerait d'être étouffant et inutile, et je souhaite que l'autre en fasse de même. Je souhaite trouver en moi la justesse et l'équilibre dans cette limite, pour ne pas m'autocensurer (par peur) et pour pouvoir partager ce dont j'ai envie, et ce qui me semble répondre à mon besoin d'expression. C'est très important. Jusqu'à présent, je n'ai quasiment eu que des relations amoureuses sans communication (comme dans ma famille). Maintenant, après plusieurs années de psychanalyse, la communication est devenue pour moi une nécessité et une priorité. »

MAYA

© Groupe Eyrolles

Tous les hypersensibles que j'ai entendus sont unanimes quant à l'importance du dialogue et du partage avec leur conjoint. Pour elles et pour eux, cet aspect est fondamental.

Dans sa prochaine relation, échanger avec l'autre sera au centre de tout, Maya ne peut l'envisager autrement…

## Se laisser du temps avant une nouvelle relation

Par peur de la solitude ou pour fuir la douleur du deuil, certains foncent tête baissée dans une nouvelle relation amoureuse dès la fin de leur histoire. Ce faisant, ils courent au-devant de nouveaux déboires. En se raccrochant à un nouveau partenaire, sans prendre le temps de la réflexion, le risque est grand de créer avec ce nouveau compagnon de route une relation de dépendance, forcément déséquilibrée.

De toute évidence, même si ce n'est pas facile à vivre, il est nécessaire de faire une pause entre deux relations. Déjà pour se retrouver soi-même, souffler et panser ses blessures. Aussi pour tirer les enseignements de ce qui s'est passé et de comprendre pourquoi la relation n'a pas duré. Cela permet aussi de retrouver *sa capacité à être seul*. Les activités sportives ou artistiques, les voyages, les bons moments avec ses amis aident à mieux vivre ce passage.

En s'accordant un temps de solitude, on a plus de chances de rencontrer ensuite quelqu'un qui nous corresponde vraiment, avec qui il y aura un vrai désir partagé.

Cela est d'autant plus vrai si l'on sort d'un amour fou ou d'une belle relation. Même séparé de l'autre, on a encore en mémoire les repères intimes, les moments partagés ensemble, les odeurs, les souvenirs sensoriels du contact des peaux, certaines chorégraphies sexuelles, etc. Cela demande du temps pour faire ce deuil puis se sentir à nouveau disponible pour passer à une autre histoire. Cette étape est nécessaire pour repartir sur de bonnes bases.

© Groupe Eyrolles

### Se retrouver pour mieux cicatriser

Faire la paix avec soi-même n'est pas évident, tant que l'on est soi-même empêtré dans ses attentes contradictoires : vouloir à la fois le passionnel et le raisonnable, la fantaisie et le sérieux, le fusionnel et l'indépendance... Cela demande donc du temps avant de pouvoir retrouver un (nouvel) équilibre intime qui permettra d'inscrire une prochaine relation dans la durée.

Il vaut alors mieux profiter de ce temps de retrouvailles pour prendre soin de soi et, notamment, renforcer sa confiance en soi, par exemple en se lançant dans un nouveau loisir, en s'inscrivant à un stage de développement personnel ou en commençant une thérapie.

## Trop susceptibles ?

Pour ceux qui souffrent d'une trop grande susceptibilité, comment s'en délester, au moins partiellement ?

S'il s'agit d'une susceptibilité réelle et persistante, une recherche en profondeur permettra d'en trouver les origines et de changer la donne. En effet, lorsque la susceptibilité est un mode ancré de relation avec l'autre, il est nécessaire de s'engager dans une psychothérapie ou une psychanalyse. Dans tous les autres cas, voici quelques pistes pratiques :

- Se retirer d'une conversation emportée ou d'une situation difficile avec son conjoint est préférable, sans chercher à avoir raison, pour aller dans sa chambre ou sortir marcher, faire une course et prendre le temps de laisser redescendre la pression. Les idées seront plus claires et il sera plus facile de reprendre, ou pas, la discussion plus tard, à un moment plus propice, lorsque le volcan émotionnel sera apaisé.
- Essayer de ne plus prendre les choses personnellement, comme si tout était directement dirigé contre soi, est également un bon axe d'évolution personnelle.
- Revaloriser la conception que l'on a de soi est important, notamment en prenant conscience de ses valeurs, de ses capacités et de ses qualités personnelles.

© Groupe Eyrolles

- Développer la confiance en soi, et l'empathie envers soi-même, aide à mieux accepter les remarques, et à développer une forme d'humour tendre ou de distance envers soi-même.
- Se préparer à mieux recevoir les critiques et à ne pas y répondre immédiatement est une bonne idée. Il vaut mieux prendre le temps de réfléchir avant de répondre.
- Revenir au corps, à la respiration est aussi très fructueux : méditer, jardiner, marcher, faire du sport, du yoga, danser, chanter, etc.

Quoi qu'il en soit, au sein de la relation amoureuse, mieux vaut exprimer librement ce qui blesse, ce qui contrarie, ce qui dérange, ce qui perturbe, ce qui fragilise... et partager ses ressentis (sensations, émotions, sentiments), en choisissant le bon moment et la meilleure façon de le dire pour être entendu(e).

© Groupe Eyrolles

Bon, maintenant que je connais son métier, sa famille, son écrivain préféré, son signe astrologique… je veux apprendre à le connaître VRAIMENT lui.

# Du temps pour naître ensemble

## Exercice 13

Voici un exercice tout simple et pourtant très efficace : la marche. Marcher, tout simplement. Plusieurs possibilités s'offrent à vous.

Chez vous, vous pouvez marcher très lentement en décomposant chaque pas, sur un tapis moelleux, dans votre salon ou le long d'un couloir.

Dans un grand parc, sur une avenue bordée d'arbres ou dans la nature, vous pouvez marcher pendant au moins vingt minutes, d'un pas vif, seul(e) ou avec votre conjoint, en silence ou en parlant librement. Il s'agit simplement de marcher tout en restant attentif à ses sensations.

Que remarquez-vous ?

Comment vous sentez-vous pendant et après la marche ?

© Groupe Eyrolles

Certaines idées nouvelles sont-elles venues pendant que vous marchiez ?

D'anciens souvenirs ont-ils refait surface ?

Des désirs de projets ont-ils germé ou sont-ils apparus ?

## Se découvrir progressivement

L'augmentation de la puissance amoureuse de chaque protagoniste et de leur interrelation s'appuie sur le co-accueil, la co-écoute, puis la *co-naissance*. L'autre ne nous est pas connu d'emblée. Son apparence physique, son odeur, son allure, sa démarche, ses gestes, sa voix peuvent dire beaucoup, c'est vrai, mais n'expriment pas tout, loin de là. Du temps est nécessaire pour mieux faire connaissance. D'autant que, au cours d'une relation amoureuse, chacun se découvre aimant et aimé autant qu'il découvre l'autre l'aimant et acceptant de se laisser aimer.

Il s'agit du « touchant-touché » de la relation. En effet, le toucher physique et le toucher psychique (le tact) vont dans plusieurs sens, soit en même temps, soit dans des temps différents : toucher l'autre, se laisser toucher, se toucher l'un l'autre, etc.

© Groupe Eyrolles

## S'attarder

« Aimer, c'est s'attarder », dit-on. Le fort désir de passer du temps ensemble découle de cette attraction irrésistible qui caractérise la dynamique amoureuse. Cela permet également de se découvrir, le plus souvent par des surprises progressives et joyeuses, puis de s'apprécier l'un l'autre.

> « Depuis que je suis avec Stéphane, nous prenons beaucoup de temps pour nous connaître et nous comprendre. Pour prendre soin l'un de l'autre aussi. Nous passons énormément de temps ensemble. Chacun explique ce qu'il sent, comment il vit les choses, même physiquement. C'est très important. »
>
> LUCIE

Beaucoup de personnes très sensibles se disent attentives à ne pas cataloguer l'autre, tout en souhaitant son bien-être, son bonheur et qu'il puisse trouver ses repères dans la relation.

Si passer du temps ensemble est reconnu comme une condition préalable à la qualité de la relation amoureuse, les ultrasensibles semblent accorder une très grande importance au dialogue et au partage avec leur conjoint.

> « Le dialogue est essentiel pour que le couple reste en harmonie. La seule crise que j'ai eue avec mon mari a eu lieu quand on s'est isolé chacun de son côté. Le partage compte énormément à mes yeux : partage d'une activité, de nos ressentis, autour d'un repas, etc. C'est ce qui fait la richesse du couple. En plus, on apprend à mieux se connaître dans la durée. Nous discutons le soir après notre journée de travail. Chacun partage le vécu de sa journée pour connaître l'autre et comprendre les émotions de chacun. »
>
> ROSE

D'autres essayent d'être moins happés par les écrans (la télévision, internet, les réseaux sociaux, les textos) pour consacrer plus de temps à la relation et sa qualité, ainsi qu'au partage des expériences vécues dans la journée.

> « Je prends beaucoup plus de temps qu'auparavant pour discuter avec mon mari. Je sais ce que je ne veux plus ou pas, mais je suis encore un peu trop passive pour changer les choses. En fait,

© Groupe Eyrolles

c'est bien de se rencontrer, même quand on se connaît déjà ! Par exemple, on organise une sortie inédite... Depuis que le dialogue est restauré, je me rends compte que je suis plus détendue. »

NOLA

Toutes et tous reconnaissent qu'eux aussi souhaitent disposer de temps pour eux et que cette nécessité soit reconnue par l'autre. Dans la relation amoureuse, les hypersensibles ont donc besoin de temps pour la relation et de temps pour soi chacun de son côté. Cela leur semble vital de respecter ces deux aspects complémentaires du même désir : s'attarder pour le couple et s'attarder pour soi.

## S'aider à apprivoiser les émotions

Les temps privilégiés, seul ou à deux, aident d'ailleurs à mieux vivre ces émotions qui peuvent facilement déborder les ultrasensibles.

« Depuis que je suis avec mon mari, je sens que j'arrive de mieux en mieux à accueillir mes émotions, sans aucun jugement. Lui, il fait la même chose car il est très sensible aussi. Elles sont là, mes émotions. J'ai appris à les vivre au mieux comme un matin qui se lève, un orage qui éclate, un soupir qui s'échappe. »

ROSE

Quant à Maya, elle insiste sur l'accueil des émotions de l'autre, tout aussi important.

« Accueillir ses émotions comme les miennes, en leur faisant de la place, en les écoutant, en leur permettant de se manifester et de s'exprimer. Avec amour ! »

MAYA

En effet, mieux vivre ses émotions, passe tout simplement par accepter de laisser les émotions faire leur chemin en nous, sans chercher à les réprimer. J'ai déjà précisé plusieurs fois qu'il est impossible de « gérer » ses émotions. Le mieux que nous puissions faire est de les accueillir, de les accepter, de les écouter, de comprendre ce qu'elles nous disent et de les laisser partir, sans les nier mais sans s'y accrocher non plus.

© Groupe Eyrolles

### Accueillir le message de l'émotion

Une émotion est un messager qui nous informe sur ce que nous sommes en train de vivre.

La peur nous prévient qu'il y a un danger, la colère nous informe de notre insatisfaction et de notre révolte, la tristesse indique que nous sommes touchés...

Si nous refusons d'entendre ce messager, celui-ci risque de revenir en criant plus fort, voire accompagné d'un deuxième messager, puis d'un troisième... Du coup l'émotion va grandir, se renforcer, nous submerger. Au contraire, si nous entendons le messager dès le début, celui-ci a accompli sa mission, il peut se retirer et l'émotion passe.

En outre, cette attitude favorise le développement de notre « intelligence émotionnelle », de notre *intelligence sensible*. Cela demande simplement de prendre le temps d'être à l'écoute de soi-même, de faire confiance à son ressenti et à son intériorité plutôt que de se conformer à des idées toutes faites, extérieures à soi.

## Prendre le temps de répondre

La sensibilité élevée correspondant à une grande « porosité » aux autres, il est fréquent de se sentir dépassé ou déstabilisé lors d'une discussion animée ou en cas de désaccord. Accepter son hypersensibilité permet de s'affirmer avec délicatesse. Il ne s'agit pas de vouloir changer sa nature profonde, mais bien plutôt d'apprendre à choisir comment se servir de sa sensibilité à bon escient, pour la vivre au mieux.

Par exemple, lors d'un différend, plutôt que de s'arc-bouter et de vouloir avoir raison à tout prix, il est possible de se servir de sa capacité d'observation. On devient capable de ne plus se lancer dans des conflits stériles lorsque la situation se complique ou que la conversation se durcit. On peut choisir de se retirer, puis d'envoyer, quelques heures plus tard, ou le lendemain, un message factuel et précis, toujours courtois, pour exprimer simplement ce que l'on n'a pas réussi à dire ou à faire entendre auparavant. L'individu ultrasensible a besoin d'un temps de recul pour « encaisser » les émotions qui l'assaillent. Ensuite, il est à

© Groupe Eyrolles

même d'apporter une information claire pour lui comme pour ceux à qui il l'adresse.

En cultivant sa sensibilité, en accueillant ses émotions, en exprimant ses sentiments, en développant une pensée personnelle, chacun peut vraiment faire de son hypersensibilité une force. Une relation d'amour partagé facilite cette évolution favorable.

Même si l'on est soi-même très sensible, vivre avec une personne ultrasensible n'est pas toujours évident. Voici donc quelques idées pratiques pour faciliter la relation amoureuse.

### 7 propositions pour faciliter la relation amoureuse

1. Prendre le temps de découvrir qui est l'autre. Poser des questions simples et bienveillantes. L'aider à préciser ce qui est fondamental pour lui ou elle et quelles sont ses limites.
2. Demander ce qui peut aider l'autre, et le mettre en pratique au quotidien.
3. Écouter, être attentif, rassurer, encourager, respecter ses moments de solitude.
4. Éviter les grands discours ou les discussions sans fin.
5. Ne pas lui mettre la pression. Ne pas poser d'ultimatum.
6. Ne pas chercher à le changer. Se donner du temps pour mieux le comprendre et l'accepter tel(le) qu'il ou elle est.
7. Être patient et s'accorder aussi du temps pour soi, pour des activités personnelles gratifiantes, autant chez soi qu'à l'extérieur.

© Groupe Eyrolles

## Oublier l'amour parfait

Les personnes à la recherche d'un partenaire amoureux qui sera capable de les accueillir avec leurs émotions et leur grande sensibilité peuvent réfléchir à cette constatation de José Ortega y Gasset : « En un sens large, nous appelons généralement amour "l'état amoureux", un état d'âme très complexe, où l'amour au sens strict joue un rôle secondaire[1]. »

Voulez-vous être « amoureux(se) » ou souhaitez-vous vivre une relation d'amour ? Il ne s'agit pas de la même réalité, donc pas de la même démarche non plus.

Dans un premier temps, cela implique de se défaire d'une croyance tenace selon laquelle un partenaire idéal viendrait combler tous nos manques affectifs et nos carences sentimentales. N'entend-on pas souvent des personnes qui affirment sans ciller qu'elles sont à la recherche de leur « moitié » ? Comme un double idéal, ou un jumeau parfait... Nous savons bien, pourtant, que la perfection n'existe pas.

Ce type de modèle idéalisé est souvent issu des couples que nous avons vus autour de nous. Nous pouvons avoir un idéal de relation amoureuse issu de notre vécu familial, par exemple des parents ou des grands-parents qui s'aimaient visiblement beaucoup, ou puisé dans des romans ou des films... Si l'on pose cet horizon comme modèle absolu, le risque est grand de ne jamais l'atteindre et d'être déçu. Il vaut donc mieux ne pas exiger l'impossible et accepter les imperfections, les siennes comme celles de l'autre.

Dans un second temps, cela demande aussi de persévérer au-delà des premières petites déceptions. Une société où tout bouge sans cesse et sans répit nous pousse à être impatients et à vouloir passer outre les difficultés, pourtant inhérentes à la vie et sources de gain en maturité. Nous voudrions que tout se passe vite et bien, y compris dans nos rencontres amoureuses. Nous risquons alors de nous débarrasser de l'autre à la moindre anicroche, alors que l'amour demande du temps et de la patience pour s'inscrire dans la durée. Certes, les déceptions pointent après la période passionnelle et euphorique des premiers temps. On s'aperçoit alors que l'autre ne correspond pas exactement à celui ou celle que l'on avait imaginé(e).

1 - J. Ortega y Gasset, *Études sur l'amour*, Payot, 2004, p. 70.

© Groupe Eyrolles

Cependant, ce n'est pas si grave d'être déçu, car peu à peu, chacun va s'habituer à cette réalité différente de son idéal, tout en prenant conscience de cette idéalisation et de son caractère souvent disproportionné. Parfois même, s'opère un curieux renversement : les défauts qui nous avaient d'abord gênés chez l'autre peuvent, avec le temps, le rendre attachant…

© Groupe Eyrolles

Comment être sûre qu'il m'aime ?

Arrête de te faire du mal Lola. Tu sais très bien qu'il t'aime !

# La fiabilité au centre de la relation

## Exercice 14

Lorsqu'un malentendu s'installe dans la relation, ou si une tension n'arrive pas à se dissiper, ou encore si cela semble nécessaire pour échanger de façon plus claire et mieux se connaître, voici une façon inhabituelle d'être attentif et d'écouter qui peut rendre de grands services.

Chacun prend une feuille (ou plusieurs feuilles), plutôt dans le sens de la hauteur, et trace un trait aux deux tiers à droite pour séparer la feuille en deux colonnes, l'une étant plus large que l'autre. La discussion peut commencer, chacun assis, posé et disponible, avec un stylo pour écrire, dans la colonne de gauche ce que lui dit l'autre, dans la colonne de droite ce qu'il ressent (non ce qu'il croit ou pense, mais bien uniquement ce qu'il ressent). Une fois que chacun s'est exprimé et a pris ses notes, vient le moment de faire part simplement de ses ressentis durant l'écoute du conjoint. Le dialogue va alors pouvoir se déployer autrement, en dehors de l'analyse rationnelle habituelle, seulement à partir du fond réel de l'expérience vécue.

© Groupe Eyrolles

Cette méthode permet de sortir de l'impasse et, surtout, de mieux se comprendre. Avec, en plus, le sentiment stimulant (et valorisant) de réussite acquis en faisant cette expérience, qui incitera à vouloir continuer et progresser dans ce sens, avec un désir de mieux-être ensemble.

## La sensibilité élevée est une chance

Les individus ultrasensibles sont reconnus par leur entourage proche comme des stimulants ou des aiguillons qui poussent à évoluer. Ils ont le plus souvent cette capacité de faire « monter le niveau » de la relation. Leurs exigences en termes de qualité du lien, d'esthétique au quotidien, d'honnêteté, de sincérité, de précaution, de délicatesse des sentiments, de précision des termes font, qu'avec eux, les proches et surtout le partenaire amoureux ne peuvent pas être dans la médiocrité ou dans la duplicité. Ils ont cette faculté d'*empuissancement* dans les relations. Aussi peut-on affirmer que *la sensibilité élevée est une chance autant pour la personne qui en est dotée que pour sa compagne ou son compagnon.*

Rémi se souvient du chemin parcouru avant d'accepter de reconnaître cette réalité.

« J'ai mis très longtemps à pouvoir me dire que l'hypersensibilité est une chance. Je me suis rendu compte que cela venait de la honte que j'avais d'être plus sensible que la moyenne, mais aussi parce que je me focalisais uniquement sur les désagréments que je vivais. Cela ne faisait que les entretenir et les augmenter. Finalement, je ne voyais plus ma sensibilité mais mes difficultés à la vivre et à l'assumer. Surtout, je voulais que les autres viennent à mon secours et m'aident, me protègent, trouvent les solutions pour moi... Maintenant, je vis ma sensibilité de façon tout à fait différente. Je l'aime, j'en prends soin et je tiens compte de tous les avantages qu'elle m'apporte. Je pense aussi que cela me rend beaucoup plus supportable pour mes proches, surtout pour ma compagne. Tout le monde y gagne, en fait. »

RÉMI

© Groupe Eyrolles

Cette évolution est possible en devenant fier de sa sensibilité, en acceptant de l'apprivoiser et de la développer, en favorisant la qualité de la relation plutôt que la quantité de temps passé ensemble ou le nombre de sorties effectuées, en faisant nettement la différence entre ce qui est impressionnant et ce qui est important, en accueillant ses émotions, etc.

## Le lien amoureux se tisse ensemble

Parmi les exigences de qualité relationnelle chez les personnes dont la sensibilité est élevée, les témoignages recueillis révèlent plus particulièrement un grand désir de fidélité.

> « Je suis hyper sensible à la fidélité. Pour moi, c'est le contrat de base pour ma sécurité, pour que je puisse vivre une relation amoureuse, que je puisse m'engager, me donner. Ce n'est pas envisageable autrement. Mais je sais que l'infidélité existe, qu'on peut en arriver à déconner, à être rattrapé par des trucs qui viennent de loin… Je ne suis pas une sainte-nitouche ! »
>
> SOPHIE

Les Anglo-saxons utilisent l'expression « *to be true* », qui signifie autant être vrai, être sincère, qu'être honnête.

> « C'est important la fidélité l'un pour l'autre, surtout l'honnêteté. Être honnête sur ce que tu vis et ce que tu dis à l'autre. L'infidélité attaque le lien à l'autre. Ce qui compte le plus pour moi, c'est l'authenticité et la vérité. Le mensonge est insupportable. En même temps, j'ai conscience que la vie de couple n'est pas facile. Je suis attentive et compréhensive. Je fais tout ce que je peux pour faciliter le dialogue, pour éviter les mauvais silences, ceux qui enferment chacun dans son coin. »
>
> MARIE

Le mot « fidélité » est parfois encore connoté de morale religieuse. Certains préfèrent parler de respect, d'honnêteté, de fiabilité. D'autant que les conceptions de ce que cela représente varient d'une culture à l'autre, avec une façon distincte d'en considérer les limites.

© Groupe Eyrolles

« Le terme fidélité diffère d'une société à une autre, d'une personne à une autre. C'est très complexe. Mon mari, qui a été élevé en Tunisie, n'a pas la même vision que moi. On en discute souvent pour éviter de faire souffrir l'autre. Par exemple, j'ai une amitié complice avec un collègue de travail qui m'a beaucoup aidée à progresser et à évoluer par ses conseils. J'ai envie de lui apporter un peu de chaleur psychologique et physique car dans sa relation actuelle avec sa femme il n'a plus trop de contact. Quand on est hypersensible, on est aussi généreux sur cet aspect. Pour moi ce n'est pas de l'infidélité car cette amitié ne concurrence pas les sentiments amoureux que j'ai pour mon mari. C'est autre chose. Je sais pertinemment que si je voulais plus, je basculerais dans l'infidélité. Mon mari a peur au fond de lui qu'un jour je le quitte à cause des tentations potentielles. Au moins, on en parle librement. Cela nous aide à nous sentir en confiance. »

ROSE

La fidélité est importante pour les personnes ultrasensibles, c'est évident pour eux, mais elle n'est peut-être pas première. Selon eux, c'est l'amour qui compte le plus ; l'amour comblé par le partage, la compréhension... qui devrait éviter l'infidélité.

« Pour nous, la fidélité n'est pas une règle ou un devoir, c'est un souhait, le désir de se consacrer l'un à l'autre. On fait des choix aussi, car la séduction fait partie des relations humaines. Je suis très passionnée... mais la vie de couple rend raisonnable, malheureusement ! Alors, oui, il y a des opportunités, des tentations... Est-ce que le jeu en vaut la chandelle ? Cela m'arrive de rêver, oui, mais je ne veux pas mettre mon couple en danger. »

NOLA

Les positions des uns et des autres font preuve de subtilité et de souplesse, notamment grâce aux capacités d'empathie qui leur permettent de comprendre l'autre et les situations[1].

« La fidélité est importante pour moi. Si mon partenaire m'était infidèle, je ne sais pas quelle serait ma réaction. Pour sûr, je serais

1 - Lorsque l'infidélité a eu lieu, on pourra lire l'article très juste de Valérie Josselin, « Faire face à l'infidélité conjugale (la sienne... ou la nôtre !) », *dans Femme actuelle*, n°1711, du 10 au 16 juillet 2017, p. 30-31.

© Groupe Eyrolles

blessée, mais je ne sais pas si cela remettrait en question notre relation. J'espère ne jamais avoir à répondre à cette question… Je pense que ma confiance en l'autre serait atteinte et amoindrie et qu'il me faudrait beaucoup de temps pour passer outre… »

MAYA

Le film *Sur la route de Madison*[1] est une illustration captivante et très humaine de la complexité de certaines histoires d'amour, où la force des sentiments l'emporte, pendant un temps, sur d'autres considérations que sociales, familiales ou morales.

Une passion inattendue et complètement imprévisible prend à rebours les intéressés eux-mêmes, qu'elle dépasse inexorablement. Ces histoires plutôt exceptionnelles nous aident ainsi à prendre de la distance pour éviter de juger les autres de façon hâtive ou rigide.

## Préserver la liberté de ses choix

Les perturbations dans une relation amoureuse ne viennent pas seulement de l'un des partenaires ou des deux, de leurs ambivalences, de leurs fragilités, etc. Elles peuvent découler de l'influence de certains proches, de leurs croyances ou de leurs inquiétudes.

Ainsi, il se peut que nos parents ne trouvent jamais nos partenaires assez bien pour nous, ou que notre sœur, notre frère pointent systématiquement leurs défauts. Un(e) ami(e) proche, pour peu qu'on lui confie traverser une période de mésentente amoureuse, avance que notre relation ne s'en remettra pas.

Voilà le doute qui nous taraude : peut-être ai-je fait un mauvais choix, peut-être vaut-il mieux arrêter là, peut-être que je trouverai mieux la prochaine fois ?

2 - Clint Eastwood, USA, 1995.

© Groupe Eyrolles

### Cultiver son indépendance pour bien vivre le couple

Plus profondément encore, vivre une relation amoureuse respectueuse et épanouie repose sur l'indépendance de chacun. En effet, les déboires amoureux à répétition sont fréquemment liés à la tendance qu'ont certaines personnes à s'oublier dans le couple. Là encore, par peur de fâcher ou de déplaire à leur partenaire, elles répondent à toutes ses attentes, satisfont tous ses désirs même si elles n'y trouvent pas leur compte, abandonnant les activités qu'elles aiment... Elles ne vivent que par et pour l'autre. Cette dépendance devient inévitablement étouffante ou sclérosante, car l'amour perdure grâce à l'affirmation de nos besoins, de nos souhaits, de nos désaccords, et certainement pas si l'un ou l'autre renonce à ce qu'il aime et à ce à quoi il tient.

© Groupe Eyrolles

Je suis ultra-sensible… pour le pire…
PEINTURE

Et pour le meilleur !

# Créer plus d'amour ensemble

## Exercice 15

Lorsque vous disposez l'un et l'autre d'un peu de temps devant vous, prenez un moment pour tester la créativité en commun sous forme de jeu. Par exemple, vous pouvez écrire ensemble, un poème, un conte ou une histoire. L'un de vous commence par une phrase ou un paragraphe, puis l'autre continue, chacun avec ses idées. Ne vous censurez pas, ne cherchez pas de cohérence. Laissez venir ce qui surgit spontanément de vous. Chacun respecte ce que l'autre exprime. Vous vous arrêtez d'écrire lorsque vous le souhaitez. Vous serez surpris par le résultat. Vous pouvez également pratiquer ce jeu créatif en dessinant à deux, en faisant un collage ensemble, ou, pourquoi pas, un modelage à l'argile à quatre mains.

### L'autre est vraiment différent

*Aimer, c'est créer.* On pense plus facilement à la fécondité de l'amour en ce qui concerne les enfants, mais les fruits de l'amour sont très

© Groupe Eyrolles

nombreux, quel que soit l'âge, et le propre de l'amour est d'être créatif, de favoriser les créations communes. Cette dimension de co-création est certainement l'aspect le plus important de « l'empowerment amoureux[1] », de cet *accroissement de la capacité d'aimer.*

Les chercheurs en créativité affirment que les inventions naissent le plus souvent de la rencontre de cultures différentes ou de conceptions étrangères les unes aux autres. La création naît de ponts entre des réalités de nature disparate. Il en va de même dans une relation amoureuse. Le potentiel créatif de la relation correspond à la diversité des tempéraments, des opinions et des goûts de chaque protagoniste.

Rose a pu observer l'équilibre qu'elle a trouvé avec son mari, autour de leurs différences.

> « J'aime la différence en général, et les différences entre nous. Elles sont stimulantes. Pour un certain équilibre, il vaut mieux qu'il y ait aussi quelques points communs. C'est la logique du Yin et du Yang. Par exemple, moi je suis très stressée alors que mon mari est plus calme. Nous nous complétons bien. »
>
> ROSE

De trop grandes différences fondamentales ne sont pourtant pas les bienvenues. D'après les témoignages, il semblerait tout de même que certains types de personnalités ne correspondent pas à ce que les ultrasensibles souhaitent ou peuvent vivre dans une relation amoureuse. Ainsi, les pervers (nous l'avons déjà précisé), les individus froids ou revendicatifs (toujours à vouloir imposer leur point de vue), les dominants (tyrans du quotidien), mais aussi les évitants (qui refusent la communication et vous laissent de longues heures, plusieurs jours, voire définitivement sans réponse), les grands conviviaux sans cesse en quête de fêtes (épuisants) et les mondains (trop superficiels ou hypocrites à leurs yeux).

## Chaque sensibilité est spécifique

La rencontre de deux grands sensibles peut ressembler à la combinaison idéale, mais la rencontre de deux sensibilités élevées n'est-elle pas explosive ?

1 - À la fois « empuissancement » de la relation et « épanouissance » dans le lien amoureux.

© Groupe Eyrolles

« Une relation entre deux hypersensibles peut durer bien sûr, mais ça demande parfois de s'accrocher et d'apprendre à communiquer pour avancer ensemble. Mon mari et moi nous sommes rencontrés il y a douze ans. On a eu des hauts et des bas, des choses difficiles que l'on a traversées ensemble, mais ce qui est primordial entre nous c'est que dans notre couple chacun a des activités ou des loisirs qu'il fait seul. Mon mari a des amis d'enfance avec qui il passe des soirées pour faire des jeux... Oui, c'est un geek ! Moi j'en profite pour avoir des moments à moi, écrire, dessiner, travailler pour mon site web que je crée toute seule. »

FATOU

Comme Fatou, beaucoup insistent sur la chance d'avoir l'un et l'autre une grande sensibilité, de pouvoir se comprendre et partager cette caractéristique.

Chaque personne hypersensible ayant sa propre histoire et son propre vécu, elle vit sa sensibilité élevée d'une façon qui lui appartient, donc forcément différente des autres.

Réciproquement, il sera aussi nécessaire de beaucoup donner de soi-même pour comprendre l'autre et accepter que son hypersensibilité ne soit pas la même que la sienne.

## Comment accepter les disparités ?

La différence de l'autre trouve un écho dans notre propre différence, c'est-à-dire autant notre façon de nous vivre différent d'autrui que notre capacité à supporter d'être différent de ce que nous voudrions être. Ainsi, accueillir l'autre repose sur notre capacité à nous accueillir nous-même. De façon plus concrète, nous pouvons accepter les différences d'un partenaire amoureux si elles n'empiètent pas sur notre espace de vie et ne nous empêchent pas de nous sentir à l'aise au quotidien. Dans le cas contraire, nous avons plus de mal à les accepter, au moins au début de la relation, car s'habituer à l'autre et à ses particularités permet de l'accepter progressivement.

« Avec le temps, c'est plus facile, on comprend que l'on ne peut changer personne et encore moins l'être aimé ! »

NOLA

© Groupe Eyrolles

En pratique, voici les démarches favorables que les témoignages révèlent :

1. Prendre le temps de discuter.

« Le seul vrai problème que nous ayons est d'avoir une baisse de moral tous les deux en même temps. Cela demande des efforts pour éviter que les deux se renferment chacun de son côté. La plupart du temps je me rends compte la première de ce qui se passe et je provoque la discussion pour poser les choses sur la table : on discute, on pleure souvent, c'est difficile mais ça nous fait du bien et on repart sur des bonnes bases. »

FATOU

2. Pratiquer des activités qui nous épanouissent et renforcent notre confiance.

« Pendant très longtemps, le regard des autres était très important pour moi et je voulais coller à leurs attentes. Je me trouvais sans envergure et, même, plutôt bête. Au fil des années, grâce à mon métier, mon mari, certains amis, le sport, le jardinage, cela évolue dans le bon sens. J'ai beaucoup plus confiance en moi. »

NOLA

3. Se laisser du temps pour mûrir et grandir ensemble.

« Notre relation amoureuse, elle aussi a évolué au fil du temps. Au début, on est en fusion… on ne se croit qu'un et puis on sort de cela pour grandir ensemble. »

NOLA

4. Oser les confrontations pour affirmer chacun sa liberté.

« On s'engueule. Il y a des moments d'accrochage. Une recherche de liberté aussi par rapport à l'autre : ne pas forcément aimer les mêmes choses, ne pas tout faire ensemble. Stéphane n'aime pas les groupes, il n'est pas à l'aise. Pour lui, cela devient difficile lorsqu'il y a plus de deux ou trois personnes. Du coup, je vois peu mes amis. Cela me manque, alors je pars toute seule de temps en temps. Je ne veux pas me couper des autres. »

LUCIE

© Groupe Eyrolles

5. Dépasser les frustrations : chacun cède un peu, mais pas trop.

« Vivre ensemble implique des frustrations pour chacun : je ne vois pas mes amis autant que je voudrais, il ne regarde pas tous les films qu'il voudrait. On ne peut pas se forcer seulement pour faire plaisir à l'autre, mais chacun fait des efforts pour l'autre. De temps en temps, Stef accepte de passer un week-end avec mes amis, même si cela lui demande un effort. »

LUCIE

6. Négocier avec soi-même pour faciliter la relation.

« J'ai compris que Charles est la personne la plus importante dans ma vie, avec ma fille, alors je fais des concessions. Je négocie avec moi-même. »

MARIE

7. Accueillir ses fragilités et celles de l'autre.

« Au fond, la relation amoureuse me bouleverse. Cela touche ma fragilité de fond. Je ressens des angoisses immenses quand nous nous disputons et qu'Axel va dans son coin. Je pleure beaucoup. J'ai besoin de me sentir rassurée, contenue. Le plus terrible pour moi, c'est la rupture du lien. »

SOPHIE

Au fond, l'expérience de l'amour correspond indéniablement au vécu humain qui nous fragilise le plus, non seulement parce qu'il révèle nos vulnérabilités personnelles, mais aussi parce que, tout simplement, en nous dévoilant et en ouvrant notre cœur, nous sommes soudain sans défenses. De ce fait, il me semble juste d'affirmer que, d'une façon ou d'une autre, *aimer augmente notre sensibilité*, donc nous rend plus sensibles qu'à l'accoutumée.

## Les hypersensibles, des « *light workers* » ?

De nombreux articles sur la sensibilité élevée ont été publiés ces derniers mois aux États-Unis, autant pour mieux la faire connaître et accepter, que

© Groupe Eyrolles

pour aider les personnes très sensibles à vivre dans une société qui rejette à la fois l'absence de sensibilité et la haute sensibilité. Une norme socialement acceptable serait en train de se mettre en place prônant une sensibilité moyenne, émoussée, sans aspérités, classant parfois (abusivement) dans une catégorie de « trouble » tout ce qui serait en dehors de cette prétendue « norme ».

D'autres articles, plus étonnants et potentiellement plus prometteurs, concernent les « *light workers* », appellation que l'on pourrait traduire par « artisans de lumière ». Il est intéressant de constater que leur description correspond en majeure partie à celles des ultrasensibles[1]. En effet, ils font preuve d'une grande empathie, ont des perceptions très affinées, accordent une place centrale à l'intuition, se sentent en décalage avec la majorité de leurs contemporains, soutiennent des valeurs très altruistes, ont le désir de changer le monde, etc. Les individus ultrasensibles seraient-ils donc, au fond, de grands spirituels ?

Certains le sont consciemment, qu'ils l'affirment ou restent discrets, quand la plupart l'ignorent. Toutefois, ils sont nombreux à exprimer un désir de spiritualité au sens large et à pouvoir (ou souhaiter) partager cet aspect de leur existence avec leur partenaire amoureux. Leur recherche spirituelle est souvent en lien avec un retour à la nature, le désir de protéger la planète et d'embellir les lieux d'habitation, la volonté de se libérer de toutes les formes de pollution, un immense respect pour les animaux, la joie de connaître les arbres et de se ressourcer en forêt, préserver l'eau comme un de nos biens les plus précieux, être réellement à l'écoute des enfants, vivre de vraies relations profondes, aimer sincèrement et s'engager en faveur de la paix. De même, développer la vie de l'âme, donc la sensibilité subtile, déployer ses ailes, ouvrir son cœur, être en contact avec les réalités supérieures, l'au-delà, la transcendance, la source, selon leurs préférences, font partie de leur quête existentielle...

Si certains *artisans de lumière* sont des visionnaires ou des mystiques, la plus grande partie concerne de modestes ouvriers du quotidien, dont les actes touchent le cœur et les mots éveillent l'âme, par les services rendus, la solidarité manifestée, la justesse du regard, l'écoute attentive, le réconfort apporté... c'est-à-dire, en fait, grâce à une vraie présence. Ces qualités humaines sont aussi particulièrement valables et bénéfiques pour la relation amoureuse.

1 - Par exemple, https://www.learning-mind.com/what-is-lightworker/ (consulté en juillet 2017).

© Groupe Eyrolles

Bien entendu, comme nous l'avons déjà constaté, entre les aspirations et les capacités réelles, un écart existe, car il n'est pas si facile d'aider les autres quand on est particulièrement sensible. Nola prend conscience de sa façon de vivre son désir d'aider.

« J'ai naturellement le cœur sur la main, je voudrais aider tout le monde autour de moi, mais je suis obligée de prendre du recul car cela m'envahit trop. Pendant très longtemps, j'ai voulu secourir, aplanir, réconcilier. Je le fais toujours, mais autrement. J'écoute, je pèse ce qui est dit, je prends dans les bras ou par la main. Je conseille, si on me demande. J'encourage. Je me réjouis des bonheurs… Le malheur et la souffrance des siens, c'est bien plus dur ! Avec des gens moins proches, maintenant, j'arrive mieux à garder un peu de distance. »

NOLA

D'autres, comme Sophie, essaient aussi d'aider au mieux, en agissant par petites touches.

« Il y a un camp de réfugiés juste devant le bureau, avec des femmes enceintes et beaucoup d'enfants. Cette situation me mettait en colère, d'autant que la plupart de mes collègues étaient complètement indifférents et blasés. Alors, j'ai décidé d'apporter mon soutien. Je le fais par petites touches. J'aide autrement ceux qui s'occupent des tâches les plus importantes, comme transporter ou distribuer la nourriture. »

SOPHIE

Encore une fois, il ne serait pas honnête de vouloir créer une catégorie à part, surtout si l'on imagine en plus que ces personnes « à part » seraient « supérieures » aux autres. Une récente étude sociologique vient corroborer cette précaution[1]. Selon l'enquête qui a été réalisée, un grand courant spirituel d'un nouveau genre est en train de se développer en France. Il concerne de plus en plus de personnes qui souhaitent allier liberté de pensée et d'action avec une démarche spirituelle originale, en marge des courants religieux traditionnels ou même en dehors d'eux. Une famille in-

1 - J.-F. Barbier-Bouvet, *Les Nouveaux Aventuriers de la spiritualité : Enquête sur une soif d'aujourd'hui*, Médiaspaul, 2015.

© Groupe Eyrolles

formelle se dessine, aux confluents de plusieurs influences diversifiées. Elle rassemble des individus en quête de sens, à contre-courant du matérialisme et du consumérisme ambiants. Ils ne correspondent à aucune étiquette et se revendiquent simplement d'un humanisme éclairé.

Pour lors, nous pouvons simplement imaginer que deux personnes très sensibles partageant cette même quête, y compris de façon différente, pourraient plus facilement s'apprécier et s'accorder au sein d'une relation d'amour...

## La puissance de l'amour ouvre grand les portes du cœur

Beaucoup de personnes, hypersensibles ou pas, se demandent à quoi correspond réellement le fait d'aimer, ce que permet l'amour, ce à quoi il nous ouvre, dans quelle dimension il nous fait entrer, ce qu'il transforme en nous, etc. Elles ont besoin de lire, d'entendre, de voir au cinéma ou sur une scène de théâtre, même dans la vie, l'*évidence d'aimer*, comme pour se rappeler l'explosion de ses bienfaits, se souvenir de tout ce à quoi l'on peut s'attendre lorsque l'on aime et que l'on est aimé(e).

Oui, l'amour nous transporte, nous transcende, nous bouscule, nous déborde, nous submerge, nous renverse et nous amène à dépasser nos limites existentielles... Il correspond à une expérience merveilleuse, enchantée et enchanteresse[1]. Il peut nous réorienter vers un mieux-être, un plus-être, un plus d'être. Il peut aussi donner de nouveau le désir d'une relation à celles et ceux qui ont des doutes ou y ont renoncé, qui sont célibataires depuis longtemps, qui sont déçus ou qui manquent d'espoir... Oui, nous pouvons atteindre les étoiles grâce à l'amour et nous pouvons oser y croire !

L'amour ouvre le cœur, par des mots, des images, des sensations, des attentes, des frémissements, des frissons, des caresses, une attirance qui insiste, un souffle en suspens. Aimer permet à l'imaginaire de se déployer, de se développer, et pourquoi pas de s'enflammer, car il s'agit bien de la quête la plus importante pour la personne sensible. Cela peut lui donner des ailes...

## Pourquoi craindre d'aimer ?

Est-ce pour ne pas se sentir fragiles, ou pour ne pas avoir à connaître la vulnérabilité d'un autre, que certains se refusent à aimer ou à se laisser aimer ? Il est vrai que cette puissance de l'amour peut faire peur et sembler

1 - Parmi tant d'autres chansons d'amour, on peut écouter « Aimer, c'est ce qu'il y a de plus beau », *Roméo et Juliette*, Gérard Presgurvic, 2001.

© Groupe Eyrolles

ouvrir sur un espace aussi inconnu que vertigineux. En effet, la force des sentiments amoureux nous fait perdre nos repères. Nous ne pouvons plus nous contrôler aussi facilement que d'habitude, et cette perte de pouvoir sur soi-même ou sur les événements peut impressionner les personnes habituées à maîtriser leur existence.

De surcroît, dans les faits, les personnes qui se convainquent d'être incapables d'aimer et d'être aimées, font souvent en sorte que cela ne puisse pas aboutir, comme si elles s'interdisaient d'être heureuses. Cela peut être une forme de loyauté à l'un des parents qui n'a pas été heureux ou affirme s'être « sacrifié » pour l'autre ou pour ses enfants. Cela peut aussi venir d'une mauvaise conception de soi-même, d'un sentiment d'indignité ou de la conviction de ne pas être aimable. Enfin, cela peut être pour ne pas souffrir.

« J'ai eu peur de souffrir, peur de le faire souffrir, peur de tout gâcher… et c'est justement cette peur qui m'a fait tout gâcher… C'est pour cela qu'il ne s'est rien passé. »

ÉMILIE

Accueillir le don réciproque de l'amour demande d'accepter de dépasser nos peurs, de prendre le risque de ne plus accorder de crédit à nos fausses croyances, de comprendre qu'elles ne sont pas notre identité et que nous ne sommes pas condamnés à souffrir, à être malheureux ou à rester seuls. Toutefois, lorsqu'un schéma d'échec amoureux est installé depuis longtemps, une thérapie est souvent nécessaire pour en venir à bout.

Inversement, pour les personnes qui sont célibataires, à trop attendre de « l'amour » (amoureux), à polariser toutes nos pensées et notre énergie sur un projet de rencontre, voire une obligation de « réussite amoureuse », nous nous focalisons sur ce seul objectif et ne vivons plus que pour ça. Nous risquons d'être d'autant plus déçus si cela n'arrive pas, de nous tendre inutilement, d'être insatisfaits tout le temps, peut-être même de nous poser en victimes, puis – sans discernement – de nous précipiter sur le (la) premier(e) venu(e) et de négliger le reste de notre existence. Ouvrir son cœur ne signifie pas aimer n'importe qui à n'importe quel prix !

Alors, pour ne pas nous fixer exclusivement sur la recherche amoureuse, il vaut mieux cultiver d'autres plaisirs : de bons petits plats ou des sorties resto avec les copin(e)s, aller au cinéma, au théâtre, à l'opéra, voir des

© Groupe Eyrolles

expositions, assister à des conférences, s'offrir un stage d'une nouvelle activité, voyager, même pour un week-end, se faire masser, etc.

Pour terminer, laissons la parole à une femme ultrasensible qui a saisi la dynamique créative de l'amour. Pour elle, la relation juste « devient un tissage, un échange de nos intériorités qui forment une création originale, mouvante, presque palpable ». Alors, la vie coule en abondance, « l'amour est vibrant et nourrissant ! ». L'*empuissancement* peut avoir lieu.

Afin d'exprimer sa vision, Maya a écrit un poème dans lequel elle exprime ses attentes de femme en quête d'un amour vrai avec un homme sensible. Son poème est un bon résumé de tout ce que j'ai essayé d'exposer dans ce livre sur la relation amoureuse, à partir des nombreux témoignages de personnes très sensibles…

*En amour, ce qui nourrit l'âme*

*Ce ne sont pas les grands discours,*

*Ni les grandes effusions, ni les montagnes de cadeaux.*

*C'est la sincérité, la simplicité.*

*C'est le respect de la liberté.*

*Ce sont les attentions bienveillantes, les élans spontanés.*

*Ce sont les mots et les gestes authentiques.*

*C'est la tendresse généreuse.*

*C'est se sentir accueilli, compris et important.*

*Être accepté dans son humanité.*

© Groupe Eyrolles

# Conclusion

« L'amour de soi
est le gardien de la vie.. »

Serge Lebovici

*S'aimer soi-même comme préalable à l'amour d'autrui* est une idée déjà bien connue. Il me semble tout de même important de la rappeler, tant l'amour de soi est fondamental.

Certaines personnes très sensibles que j'ai écoutées en ont pris conscience, pour leur plus grand bonheur et celui de leurs proches. Ainsi, Jessica affirme, après des moments privilégiés lors de vacances avec son neveu de six ans :

« Je souhaite être avec moi ce bon parent que j'ai été avec Marin, me défendre coûte que coûte, me soutenir, m'encourager, etc. C'est ce que je m'efforce de faire depuis qu'il est parti. J'essaie d'entretenir le plus possible le dialogue intérieur et me donner encore plus d'écoute, de compréhension, de soutien infini… J'ai constaté avec Marin que ce bon parent existe en moi, mais que je ne me l'autorise pas toujours ou pas complètement pour moi, alors que j'y ai droit aussi… Quand je le fais, je touche mon humanité, ma vulnérabilité, ma sensibilité que je désire protéger et chérir, cela me rapproche de moi, augmente mon amour pour moi et je veux aller dans cet espace… Dimanche, Marin a souhaité que l'on prenne le tram. Une fois assis, il m'a dit : « c'est juste pour mon plaisir ! » et je lui ai répondu « ah oui, c'est très important le plaisir ! », alors moi aussi je vais me faire plaisir et aller dans cette zone d'amour de moi ! »

JESSICA

Dans la littérature, de nombreux écrivains ont imaginé ou évoqué des personnages très sensibles, vibrants, troublés et troublants, aimant généreusement, de façon passionnée ou discrète. Que ce soit Shakespeare, Marie-Madeleine de La Fayette, Marivaux, Jane Austen, ou Tolstoï, Dostoïevski, Tchekhov, ou encore tous les romantiques allemands, anglais, italiens, français…, de nombreux artistes ont dépeint l'amour avec les traits du cœur sensible, ce cœur fragile par excellence. Les cinéastes d'hier et d'aujourd'hui ne font pas exception. *Amour et sensibilité vont de pair*. Cette réalité est universelle. Elle touche toutes les cultures et tous les temps.

Ainsi, fondamentalement, les idées proposées dans ce livre, glanées au fil des témoignages, qui aident à mieux vivre la sensibilité dans le lien

© Groupe Eyrolles

affectif, sont en fait valables pour toutes les formes de relations, aussi bien amoureuses qu'amicales, professionnelles, familiales, etc.

Plus spécifiquement, pour une personne très sensible, mieux aimer repose sur plusieurs accomplissements. Par exemple, il semble préférable de choisir un partenaire amoureux qui accueille et comprenne cette grande sensibilité, mais aussi, déjà, bien vivre soi-même avec son ultrasensibilité.

Pour beaucoup, la prise en compte de leur sensibilité élevée a changé leur vision de la relation amoureuse autant que leur regard sur eux-mêmes.

« Raphaël se sent confiant maintenant : « La compréhension de mon hypersensibilité me permettra sûrement de me rassurer beaucoup plus facilement, de choisir une femme capable de me comprendre, de m'épanouir en connaissance de cause, et de bien vivre ma sensibilité autant que mon amour. »

Puisque la sensibilité et l'amour vont de pair, il est nécessaire de les chérir, de les choyer, de les protéger, de les nourrir et de les développer l'une autant que l'autre, car ils sont – nous le savons tous – les biens les plus précieux de l'être humain...

Je vous souhaite, à toutes et à tous, une belle vie et de belles amours !

© Groupe Eyrolles

Pour plus d'information sur l'hypersensibilité,
vous pouvez consulter le site de *L'Observatoire de l'ultrasensibilité* :
https ://sites.google.com/site/observatoireultrasensibilite/

Du même auteur :

*Le sentiment d'abandon*

*Faire la paix avec soi-même*

*Hypersensibles*

*Les amours impossibles*

*Les relations fusionnelles*

*Renaître après un traumatisme*

Avec Christine Hardy et Laurence Schifrine :

*Habiter son corps*

Avec Barbara-Ann Hubert :

*L'emprise affective*

Avec Gilles Pho :

*Vivre en relation*

Avec Catherine Podguszer :

*Personne n'est parfait !*

Impression & brochage SEPEC
N° d'imprimeur : 02672171140
Dépôt légal : janvier 2018

*Imprimé en France*

IMPRIM'VERT®

PEFC™ 10-31-1470 / Certifié PEFC / Ce produit est issu de forêts gérées durablement et de sources contrôlées. / pefc-france.org